ALBERT MONTHEUIL

L'ASSISTANCE PUBLIQUE

A L'ÉTRANGER

ALLEMAGNE, ANGLETERRE, BELGIQUE, PAYS-BAS
SUÈDE ET NORVÈGE

PARIS
LIBRAIRIE DE LA *REVUE MUNICIPALE*
33, RUE DE RIVOLI, 33

1899

L'ASSISTANCE PUBLIQUE

A L'ÉTRANGER

OUVRAGES DU MÊME AUTEUR

Héros et Martyrs de la liberté, *avec lettre-préface d'Anatole de la Forge*.... 1 vol.

Le Conservatoire........................ 1 broch.

Les transports en commun.............. 1 broch.

La Charité privée à l'étranger.......... 1 vol.

(*Ouvrage honoré de souscriptions des ministères de l'Intérieur et de l'Instruction publique, du Conseil municipal de Paris, etc.*).

ALBERT MONTHEUIL

L'ASSISTANCE PUBLIQUE

A L'ÉTRANGER

ALLEMAGNE, ANGLETERRE, BELGIQUE, PAYS-BAS
SUÈDE ET NORVÈGE

PARIS
LIBRAIRIE DE LA *REVUE MUNICIPALE*
33, RUE DE RIVOLI, 33

1899

AVANT-PROPOS

Cet ouvrage forme la seconde partie du compte-rendu de la mission dont avait bien voulu nous charger M. le ministre de l'Intérieur et que le Conseil municipal de Paris avait encouragée. L'organisation et le fonctionnement des œuvres d'assistance privée ont été exposés dans *La Charité privée à l'étranger*.

Nous n'avons pas la prétention d'offrir au public, avec l'*Assistance publique à l'étranger*, une étude approfondie de la Bienfaisance officielle en Angleterre, en Allemagne, dans les Pays-Bas, en Belgique, en Suède et en Norvège.

Nous apportons des documents, des notes, des observations. Si ces matériaux pouvaient servir aux personnes qui font des questions d'assistance leur sujet favori d'études, notre ambition serait largement satisfaite.

CHAPITRE PREMIER

ALLEMAGNE

Loi du 6 juin 1871 sur le domicile de secours dans l'Allemagne du Nord : les trois façons d'acquérir le domicile de secours; droits et devoirs des divers organes de l'assistance officielle; l'office fédéral de l'indigénat. — Loi du 8 mars 1871 sur l'assistance publique en Prusse et dans plusieurs autres parties de l'Empire : la curatelle obligatoire des pauvres. La législation charitable en Saxe, dans le Wurtemberg et le grand duché de Bade.

Les différents états confédérés qui constituent l'empire d'Allemagne sont régis par des lois distinctes pour l'assistance publique. Ces lois se ressemblent beaucoup. Il en est deux parmi elles dont la connaissance permet de comprendre dans ses plus petits détails l'organisation et le fonctionnement de l'assistance publique en Allemagne. L'une, qui date du 6 juin 1871 et qui fut modifiée le 12 mars 1894, traite du domicile de secours dans l'Allemagne du Nord; l'autre est celle du 8 mars 1871 sur les organes de l'assistance publique en Prusse et dans le Brandebourg, la Poméranie : le duché de Posen, la Silésie, la Saxe, la Westphalie et la Prusse Rhénane.

Nous donnerons tout d'abord l'ossature de ces lois principales. Nous signalerons ensuite les dispositions particulières de la législation des autres parties de l'Empire.

Loi sur le domicile de secours dans l'Allemagne du Nord. — Aux termes de l'article premier de cette loi : « Tous les sujets allemands de « la confédération du Nord ont des droits à l'as- « sistance publique dans l'état confédéré, quel « qu'il soit, où ils se trouvent. » Ces droits sont égaux à ceux des indigènes de l'état confédéré.

L'assistance publique est locale ou régionale.

En quoi consistent celle-là et celle-ci ?

L'assistance *locale* comprend une ou plusieurs communes et, là où les seigneuries ne font point partie des communes, une ou plusieurs seigneuries. Plusieurs seigneuries et communes peuvent aussi être réunies en un seul district des pauvres.

Les Allemands du Nord, nécessiteux, qui n'ont droit au secours d'aucun bureau local des pauvres, sont assistés par les districts régionaux de la bienfaisance publique. Ceux-ci se composent généralement de plusieurs districts locaux ; exceptionnellement ils se réduisent à un seul de ces districts.

Ce sont les lois de chaque pays qui règlent la formation des districts tant locaux que régionaux, la nature et l'importance des secours, le mode d'attribution de ces secours. Elles spécifient dans quels cas, soit le district local, soit le district régional doit intervenir.

Le domicile de secours s'acquiert par le séjour, le mariage et la naissance.

Par le séjour, les conditions requises sont : 18 ans révolus et deux années au moins de résidence en un même district local, les absences temporaires n'étant pas décomptées. Par contre, le temps pendant lequel un individu inscrit sur les registres de l'assistance publique (hôpital, asile d'aliénés, etc.), ou d'un établissement pénitentiaire reste sans valeur pour le calcul du séjour légal.

Par le mariage : la femme partage le domicile de secours de son mari à partir du jour de l'union. Elle perd celui qu'elle avait auparavant pendant toute la durée de la vie commune. La femme mariée acquiert, si elle le désire, un domicile de secours personnel dans tous les cas où le mari cesse de contribuer à son entretien (abandon volontaire, séparation légale, etc.). Ce nouveau domicile n'est que temporaire. Il disparaît avec la cause qui le justifiait.

Par la naissance : les enfants légitimes reconnus, adoptés et légitimés partagent et conservent le domicile de secours du père aussi longtemps qu'ils ne l'ont point perdu, conformément à la loi ou n'en ont point acquis un autre.

Ils conservent le domicile de secours du père même après sa mort. Si le père change son domicile de secours lorsque les enfants ont 18 ans passés ils deviennent, sous ce rapport, indépendants de lui et conservent leur domicile de secours de naissance.

Le changement de domicile s'acquiert avant la vingtième année par le mariage, l'adoption etc.

Quand la mère survit au père, les enfants légitimes, reconnus et adoptés, partagent le domicile de secours de la mère, dans les mêmes conditions et avec les mêmes conséquences, qu'ils partageaient celui du père.

En cas de divorce les enfants qui se trouvent dans les conditions ci-dessus partagent le domicile de secours de la mère dans tous les cas où ils sont confiés à la garde de cette dernière.

Les enfants naturels ont le domicile de secours de la mère.

Le domicile de secours se perd :

1° Par l'acquisition d'un autre domicile de secours.

2° Par une absence ininterrompue de deux années après l'accomplissement de la dix-huitième année.

Droits et devoirs des divers organes de l'assistance publique. — Tout Allemand nécessiteux, du Nord, a le droit d'être secouru provisoirement par le bureau de l'assistance locale du district où il se trouve, le jour où se manifeste ce besoin. Mais ce droit du pauvre a pour corollaire le droit du district d'obtenir de l'individu assisté ou du district où celui-ci a son domicile de secours le remboursement des dépenses. Pour les malades le recours n'est admis que s'ils ont été soignés pendant treize semaines au minimum.

Ce droit au remboursement se prescrit par deux années à dater du 1er janvier de celle où les secours ont été accordés.

Différends entre districts des pauvres. — Toute demande de remboursement de frais d'assistance par un district autre que celui du domicile de secours du pauvre secouru doit être formulée dans un délai de six mois, à partir du jour où les premiers secours furent donnés.

Dans le cas où un district des pauvres décline l'invitation de donner suite à une demande en remboursement de frais ou refuse de prendre à sa charge un indigent, les autorités judiciaires sous la juridiction desquelles est placé le district en question, décident administrativement de la recevabilité de la demande.

C'est la législation de l'Etat confédéré qui règle la procédure de ces différends sous réserve des prescriptions de la loi.

Lorsque l'organisation ou la délimitation locale des districts des pauvres sont l'objet d'une contestation, le tribunal supérieur de l'Etat se prononce en dernier ressort. Il n'est possible d'en appeler des jugements de ce tribunal qu'à l'*Office fédéral de l'Indigénat*. Cet office constitue un corps permanent qui a son siège à Berlin.

Il se compose d'un président et de quatre membres au moins, nommés à vie par la présidence de la confédération, sur la proposition du Conseil fédéral.

Le président et la moitié des membres doivent

posséder dans leurs Etats respectifs les titres nécessaires pour l'accès aux fonctions judiciaires supérieures.

Les décisions du Conseil fédéral sont gratuites et sans appel. Elles sont lues en audience publique après que les parties ont été invitées à comparaître et ont été entendues.

L'assistance publique en Prusse. — Les principes en sont énoncés dans une loi du 8 mars 1871 qui dit :

Tout Allemand nécessiteux a droit, de la part et aux frais du district des pauvres où il a son domicile de secours, d'être abrité, nourri, vêtu, chauffé convenablement et gratuitement ; de recevoir les soins indispensables en cas de maladie et une sépulture décente s'il meurt. Les indigents qui ont à se plaindre de l'administration d'un district local, s'ils font partie d'une agglomération de plus de 10.000 habitants, s'adressent au Conseil cantonal qui se prononce en dernier ressort. Dans les autres cas, le Conseil du Cercle (conseil général) est juge.

Les enfants abandonnés tombent à la charge des districts locaux où ils ont leur domicile de secours s'ils sont sans moyens d'existence personnels ou si des tiers ne sont pas dans l'obligation de les élever.

*
* *

Quels sont, en Prusse, les organes de l'assistance publique?

Chaque commune forme un district de l'assistance publique dont la direction est confiée aux autorités locales. Presque toutes les dispositions des lois communales relatives à l'administration des communes sont en effet applicables à l'administration des services de la bienfaisance publique.

Dans les communes le Conseil municipal est libre de désigner, pour l'administration de l'assistance publique, des délégations spéciales composées de membres de la municipalité auxquels peuvent être adjoints des habitants du lieu, électeurs ou non. Le bourgmestre ou son représentant préside la délégation si les règlements n'en décident pas autrement. Dans quelques communes rurales le bailli exerce cette fonction.

Tout habitant de la commune qui a le droit de prendre part aux élections communales est contraint d'accepter, le cas échéant, un poste non rétribué dans l'administration publique de cette commune et de l'occuper pendant trois ans, voire plus longtemps si le règlement particulier de la commune l'exige.

Sont exempts de cette obligation : 1° les personnes atteintes de maladies chroniques ; 2° celles dont les occupations nécessitent des absences prolongées ou fréquentes ; 3° celles qui sont âgées de plus de 60 ans ; 4° celles qui font déjà partie d'une administration publique ; 5° toute autre personne que le conseil communal reconnaît ne pas être en état d'accomplir ce service. Les médecins et les chirurgiens y sont soumis comme les autres citoyens.

Toute personne qui a rempli une fonction gratuite de l'Assistance publique pendant trois ans ou plus en est éloignée pour un même laps de temps.

Quiconque, sans raison légale, refuse un poste gratuit, ou ne l'occupe pas lorsqu'il l'a accepté, peut être privé, pour une période de trois à six ans, de ses droits à l'électorat communal et à l'éligibilité aux fonctions honorifiques locales. En outre, ses impositions communales peuvent être augmentées d'un huitième et même d'un quart. Ces pénalités sont prononcées par le conseil communal ; elles doivent être approuvées par les autorités administratives.

Les présidents des corporations sont astreints, dans des cas particuliers, à renseigner l'autorité municipale sur les secours qu'ils accordent à des pauvres du district.

Les seigneuries situées en dehors d'une commune sont considérées en ce qui concerne l'assistance publique comme des communes. Les seigneurs ont donc à supporter comme celles-ci les frais d'assistance pour l'étendue de leur domaine à moins qu'ils ne soient pas propriétaires exclusifs. Une entente s'établit alors entre le seigneur et les villages pour la répartition équitable de ces dépenses, sur la base des autres taxes payées par les parties en présence.

L'Etat a droit de contrôle sur l'administration des districts locaux de l'assistance publique. Il veille à ce que la fortune des fondations et hospices dont ils ont la gestion ne soit pas gaspillée ou employée contrairement aux volontés des légataires.

Districts régionaux des pauvres. — Leur administration est confiée, par ordonnance royale, aux autorités provinciales, cantonales et communales. Les fonds pour le bon fonctionnement de ces districts sont partagés entre les divers cercles, proportionnellement au chiffre d'impôts payés par eux à l'Etat.

Les districts régionaux ont à leur charge les indigents qui sont frappés d'aliénation mentale, les idiots, les épileptiques, les sourds-muets et les aveugles. Ils leur doivent asile, soins et guérison (?) et, si leur état l'exige, l'hospitalisation dans des établissements spéciaux. Le soin de ces indigents des districts locaux d'un district régional incombe à ce dernier.

Les districts régionaux ont le droit de confier, contre indemnité, aux districts locaux du ressort, les indigents dont l'entretien leur est légalement à charge. Par contre, ces mêmes districts régionaux reçoivent obligatoirement dans leurs établissements d'assistance, si la place le permet et contre le paiement des dépenses faites, les individus tombés à la charge des districts locaux lorsque ces derniers en font la demande.

Il appartient aussi aux districts régionaux d'aider financièrement les districts locaux dont l'insuffisance de ressources est manifeste. La contribution du district régional est alors fixée par la délégation de l'indigénat : elle se produit sous forme de versements en argent ou de journées d'hospitalisation dans des établissements dépendant du district régional.

Les districts régionaux doivent placer, sur réquisition de la police, dans des maisons de travail, les indigents condamnés (1) qui, à leur sortie de prison, sont mis à la disposition de la police.

Saxe. — Les indigents n'ont pas droit à l'assistance s'ils sont valides. S'ils deviennent momentanément incapables de pourvoir à leur existence, ils ne reçoivent que le strict nécessaire et cela pendant seulement la durée de l'incapacité de travail.

Les ivrognes, les paresseux et les indigents qui mènent une vie déréglée sont passibles de peines correctionnelles et de simple police.

1. Sont passibles d'emprisonnement : les vagabonds, les mendiants, les individus excitant les enfants à la mendicité et n'empêchant pas de mendier les personnes qui leur sont confiées ou qui appartiennent à leur maison ; tout individu qui s'adonne au jeu, à la paresse ou à l'ivrognerie et qui, par ce fait, devient indigent ou oblige sa famille à solliciter des secours ; toute femme inscrite sur les registres de la police des mœurs et qui se soustrait aux prescriptions policières réglementant la prostitution ; tout individu qui reçoit des secours de l'assistance publique et qui refuse d'exécuter les travaux (mesurés à ses forces) qu'on lui commande ; tout individu sans asile qui se trouve dans l'impossibilité de prouver que ce n'est pas par négligence de sa part. Sont également passibles d'emprisonnement les personnes qui doivent l'entretien à d'autres et s'y refusent formellement.

Il appartient à l'administration des districts des pauvres de procurer un travail rémunérateur aux indigents valides.

L'assistance publique en Saxe comprend : 1° l'aumône ; 2° les soins à donner aux malades ; 3° l'éducation des orphelins et des enfants pauvres ; 4° l'abri pour les gens sans asile ; 5° l'entretien complet des indigents.

Le district local paye la moitié de l'écolage des enfants de parents indigents. Il doit fournir aux enfants pauvres, lorsque leur éducation est achevée, des vêtements et des instruments de travail pour l'exercice du métier dont ils font l'apprentissage par les soins du district local.

Wurtemberg. — En principe l'administration de l'Assistance publique est la même dans le Wurtemberg qu'en Prusse. On peut remarquer que dans les villages qui forment un district propre, où plusieurs confessions sont reconnues, les ecclésiastiques représentant ces confessions prennent part aux discussions et aux votes du Conseil municipal.

Au lieu d'administrer lui-même son district d'assistance le Conseil communal nomme, s'il le veut, une délégation dont les membres peuvent être choisis parmi les citoyens. Si l'étendue de la commune, sa division en quartiers séparés, rendent nécessaire cette organisation, plusieurs commissions sont nommées pour chacun de ces quartiers ou pour certaines branches de l'assistance publique. Les pouvoirs de ces délégations et commissions sont assignés par les collèges communaux.

Les fondations charitables, à moins que le donateur ait désigné une autre administration, sont gérées par les districts locaux de l'assistance.

Le district régional a, sous sa direction, toute l'assistance publique de la région. Il établit le budget annuel des pauvres, contrôle les comptes, entreprend et approuve les modifications utiles, nomme les principaux employés du district. Une commission à la tête de laquelle est placé le président ou le vice-président du district régional expédie les affaires courantes. Elle comprend quatre membres titulaires et quatre suppléants.

Sur la demande du district local, le maire, avec l'approbation du Conseil communal, peut exiger sous peine d'amendes, que la déclaration d'entrée et de sortie des domestiques, apprentis, compagnons et ouvriers, soit faite à la mairie.

Dans tout établissement d'assistance publique le Directeur est maître de faire un règlement en vertu duquel il inflige des peines disciplinaires allant jusqu'à deux jours de prison. L'hospitalisé ainsi puni subit sa peine à l'établissement d'assistance ou dans la prison de la ville. S'il récidive il est passible d'un emprisonnemnt de huit jours au plus sur intervention de la police locale.

L'affaire est-elle particulièrement grave? la justice du bailliage en connaît.

Grand duché de Bade. — Les districts locaux y

sont administrés par une commission des pauvres formée : du Conseil communal, des chefs des communautés religieuses, du médecin des pauvres et, à son défaut, du médecin cantonal ; enfin, du fonctionnaire de la police.

Les habitants qui ne sont pas électeurs politiques dans la commune, mais qui, cependant, y paient des contributions, ont une représentation, n'excédant jamais trois délégués.

Les élus sont libres de refuser ces fonctions.

En général, l'assistance publique, pour le remboursement de ses dépenses, saisit de préférence la succession de la personne qu'elle secourait. Dans ce cas, ses droits priment ceux du fisc.

Mecklembourg-Schwerin. — Les districts locaux sont autorisés à exiger des domestiques et des ouvriers qui ne font pas partie d'une caisse d'assurances contre la maladie ou d'une société de secours mutuels, une contribution aux fonds de l'assistance publique afin d'être garantis en cas d'allocation de secours à ces individus.

∴

La caisse de l'assistance publique reçoit, en beaucoup de régions, le produit des amendes dues aux communes, des permis de chasse, des taxes sur les salles de danse ou autres lieux de réjouissances publiques.

Tarifs de remboursement. — En Prusse, les tarifs de remboursement entre districts pour dépenses d'assistance sont fixés ainsi qu'il suit : pour un indigent nécessiteux ou malade, âgé de 14 ans et au-dessus, s'il habite dans un village de 3e, 4e et 5e classe, 0 mk. 60 ; dans les villages de 1re et 2e classe, 0 mk. 80 par jour. Les soins médicaux, les frais d'habillement ne sont pas compris dans ces tarifs ; les médicaments sont payés au prix uniforme et moyen de 0 mk. 20.

Le jour où les soins médicaux commencent, et le jour où ils cessent sont dûs. Ces tarifs ne varient pas, quel que soit le genre d'établissement — officiel ou privé — où les soins sont donnés.

Ces dispositions ne sont applicables, ni aux enfants au-dessous de 14 ans, ni aux indigents ayant dépassé cet âge, capables de travailler.

Il n'est pas alloué d'indemnité pour le logement.

CHAPITRE II

BERLIN, COLOGNE, ELBERFELD, HAMBOURG

Les services d'assistance à Berlin. — Les aliments prescrits comme médicaments par les médecins des pauvres. — Le principe de la gratuité du séjour à l'hôpital est inconnu à Berlin. — Rigueur des poursuites exercées par l'administration pour le recouvrement des frais d'assistance. — Un asile municipal de nuit. — Cologne : le calcul des secours. — Les médecins des hôpitaux. — Le tarif du traitement dans les hôpitaux. — Fausse neutralité confessionnelle observée à l'orphelinat communal. — Elberfeld : Les secours à domicile. — Description de l'hôpital. — Prix du séjour. — La salle d'orthopédie médicale. — Bains communaux à 10 pfennigs. — Hambourg : Organisation générale de ses services d'assistance. — L'hôpital Eppendorf. — Ses 61 pavillons. — Leur aménagement modèle. — Les traitements du personnel médical sont beaucoup plus élevés que ceux des médecins de nos hôpitaux. — Un hospice qui ne refuse personne : *Bast mert und armenhaus!*

Le personnel secondaire des hôpitaux en Allemagne. — Sœurs laïques et sœurs religieuses. — Une conversation avec M. le professeur Pagenstecher, de l'hôpital d'Elberfeld. — Les statuts de la Société évangélique des diaconesses de Herborn. — Instruction et éducation des sœurs laïques.

Berlin. — Deux grandes commissions se partagent, dans la capitale de l'empire allemand, l'administration de la bienfaisance. L'une, l'*Armen-direction*, s'occupe exclusivement de la gestion des deniers communaux destinés à secourir les malheureux, du fonctionnement des services d'assistance alimentés par les fonds du budget de la ville. Cette commission se compose de 25 membres dont seize sont nommés par l'assemblée municipale. Le premier bourgmestre désigne les neuf autres membres.

La seconde commission *Stiftungs députation* est celle de l'assistance privée. Elle a l'administration des biens provenant des dons et legs faits à la ville pour les pauvres. Son mode de nomination est le même que celui de la commission d'assistance publique.

Ces commissions ont un personnel distinct de fonctionnaires, d'employés qui, tous d'ailleurs, sont placés sous la haute direction du premier bourgmestre.

L'*Armen-direction* a sa tâche facilitée par de nombreux sous-comités (*armen-commission*), deux cent cinquante exactement, ayant une part d'action dans un district territorial. Ces *armen-commission* sont formées de dix à douze citoyens élus par le corps municipal qui exercent bénévolement leurs fonctions de curateurs des pauvres.

La « clientèle » de chaque curateur est, quant au nombre, assez variable en raison des fluctuations de la population indigente qui dépendent de causes très diverses.

Les curateurs vont voir les solliciteurs, émettent en séance de l'*armen commission* un avis sur les demandes qu'ils ont eu à instruire. La Commission décide s'il y a lieu d'accorder ou de refuser un secours. Dans l'affirmative, elle en fixe le chiffre. Jamais les employés ne font d'enquête. Cette mission est absolument réservée aux curateurs.

Le système berlinois est donc le système, si connu qu'on le peut qualifier de classique, d'Elberfeld. On s'en défend à Berlin. L'organisation de l'assistance publique telle que nous l'avons sommairement décrite y remonterait à une époque de beaucoup antérieure à celle où la petite cité industrielle d'Elberfeld se fait gloire de l'avoir inventée. La ville d'Elberfeld n'aurait fait qu'introduire chez elle ce qui fonctionnait déjà dans la capitale de la Prusse. Petite et vaine querelle, Berlin ne saurait être accusé de plagiat en la circonstance. Les deux systèmes peuvent se ressembler, être même identiques. Leurs applications dans ces deux villes à populations numériquement si différentes ne souffrent pas la comparaison. A Elberfeld un très petit groupe de pauvres à son curateur. Les choses ne se passent pas de la même façon à Berlin où les pauvres forment un contingent considérable. Là, les enquêtes perdent singulièrement de leur utilité parce que les curateurs sont toujours en nombre insuffisant pour les faire ; le rapprochement entre celui qui donne et celui qui reçoit n'est plus qu'un mot.

Secours à domicile. — La municipalité délivre aux pauvres des secours en argent et en nature. Les secours de la seconde catégorie sont touchés sur présentation de bons chez des boutiquiers de la ville.

Secours médicaux. — Pour chaque circonscription placée sous l'autorité d'une *armen commission* il y a un médecin des pauvres. Ces médecins forment un corps hiérarchisé. Ceux appartenant à la 1re classe reçoivent un traitement annuel de 1200 marks ; le traitement de la 2e classe est de 1500 marks, etc.

Le pauvre, avec cette organisation, n'a pas la liberté de choisir son docteur.

Outre les médicaments délivrés par les pharmaciens, les médecins peuvent prescrire, au même titre, de la viande, du lait, du vin. Si l'on admet, ce qui paraît évident, que la plupart des maladies pour lesquelles les malheureux appellent le médecin ne sont que la conséquence d'une longue suite de privations, d'un régime alimentaire insuffisant, on appréciera la mesure qui laisse aux médecins des pauvres de Berlin le droit de faire délivrer, par ordonnance, des aliments reconstituants.

Mais que de choses étonnent dans cette organisation des secours médicaux de la grande cité allemande. La Ville a trois hôpitaux d'adultes, très beaux. Elle ne possède ni un hôpital d'enfants, ni une maternité.

Les enfants sont soignés à l'hôpital royal (*Kaiser Friedrich*) que la Ville subventionne. Dans les services hospitaliers de la Ville, on ne traite que les maladies internes et les cas chirurgicaux. Il n'y a ni service d'accouchement, ni clinique pour les maladies spéciales des yeux, du nez, des oreilles, de la peau, du larynx. Faisons une exception pour les femmes syphilitiques que la police arrête: on les envoie dans un asile pénitentiaire.

Les conditions d'admission dans ces hôpitaux communaux sont encore plus faites pour surprendre. En principe, tout malade paie ses frais de traitement avec une avance d'un mois en entrant. Très rares sont les séjours gratuits. Et l'administration municipale prend ses précautions pour ne jamais subir une perte. Elle ne recule devant aucun moyen pour rentrer dans ses débours. Un travailleur en traitement à l'hôpital, cesse-t-il de payer les 2 marks ou les 2 m. 50 qu'il doit quotidiennement de ce chef? La Ville mettra opposition à son salaire à la sortie de l'hôpital, et tant que la dette ne sera pas éteinte, le malheureux n'exercera pas ses droits de citoyen. Cette pratique n'est pas particulière aux hôpitaux.

Le bureau de bienfaisance use d'autant de rigueur envers les malheureux qu'elle secoure pour incapacité de travail : il leur fait signer au profit de l'assistance publique un acte de renonciation aux quelques objets qu'ils possèdent.

⁂

Le malade pauvre qui se présente à la consultation d'un hôpital communal est admis par le médecin de jour, en cas d'urgence, sauf enquête ultérieure. Si le malade est en état d'attendre, il doit revenir porteur d'un certificat d'indigence émanant du médecin des pauvres.

Pour les ouvriers astreints à l'assurance obligatoire, les frais de traitement sont acquittés à raison de 2 marks la journée par la caisse de cette institution, s'ils sont de Berlin, et 2 m. 50 s'ils sont d'une autre ville.

L'hôpital communal que nous avons visité a des pavillons de grande, moyenne et petite grandeur, dont quelques-uns sont réservés aux maladies infectieuses.

Les grands pavillons sont occupés par 70 et quelquefois 75 lits.

Les enfants sont admis dans les salles d'adultes à partir de l'âge de 12 ans. Le pavillon d'opération est beau, bien organisé. Il comprend une vaste salle pour les opérations ordinaires et une autre salle pour les cas infectieux, phlegmons, etc. Les médecins se plaignent du trop grand éloignement de ce pavillon des salles de malades.

Les surveillantes et infirmières sont laïques. Ce sont, en général, des jeunes femmes de bonne famille, instruites et bien élevées. Les médecins s'en montrent très satisfaits.

Les malades sont classés dans les pavillons par nature d'affections.

Il n'y a pas de consultations gratuites à cet hôpital pour les maladies internes. On ne s'y occupe que des cas nécessitant l'intervention chirurgicale. Une salle est ouverte à cet effet tous les matins de 8 à 10 heures.

La municipalité de Berlin a décidé de construire un quatrième hôpital qui contiendra près de mille lits. Ce sera, si le désir des promoteurs du projet se réalise de point en point, un établissement modèle. Sa construction exigera cinq ans.

Ce nouvel hôpital comprendra 21 pavillons à un étage contenant chacun 46 lits, pour les maladies ordinaires.

Les constructions qui seront affectées aux femmes en couches et aux personnes atteintes de maladies infectieuses auront plusieurs étages.

L'hôpital sera dirigé par un médecin-directeur qu'assisteront deux médecins en chef, des directeurs pour les différents services et un médecin-adjont par cinquante lits.

A l'hôpital sera annexée une école normale d'infirmières.

La dépense prévue dépasse quinze millions de francs.

∴

Berlin n'a pas de service municipal pour le transport des malades ou blessés aux hôpitaux.

Il y existe des voitures d'ambulance, mais elles sont exploitées par un particulier qui a eu l'idée de cette entreprise et en tire, dit-on, de gros bénéfices. Le prix de transport d'un malade, par ces voitures, varie entre 6 et 10 marks. La municipalité paie d'après un tarif atténué le transport des malades indigents.

Les femmes enceintes entrent à la maternité de l'hôpital de la Charité (qui dépend de l'Université) quinze jours avant terme, à la condition de s'y employer aux soins ménagers.

La Ville soigne ses épileptiques et ses idiots dans un établissement annexe de l'asile des aliénés à Wughlgalten.

Enfance. — La Ville n'a pas d'asile pour les enfants trouvés. Il est question d'en ouvrir un. En attendant, comme l'abandon d'enfant est, en Prusse, sévèrement puni, les mères qui veulent se débarrasser de leur progéniture la déposent dans la rue : les portes cochères et les corridors des maisons leur servent d'asile temporaire.

Les orphelins sont envoyés à l'établissement de Rummelsberg près Berlin. L'administration communale de Berlin accorde volontiers sa préférence, pour l'éducation des orphelins, à un système que nous avons vu fonctionner avec un plein succès pour les enfants de certaines paroisses de Londres et pour les orphelins recueillis par certaines sociétés privées de la même ville.

Ce système est celui des colonies familiales. Les enfants sont répartis par groupes de vingt dans des maisons dont chacune est habitée par un maître d'école marié qui devient le chef de cette famille artificielle. Les enfants vivent de la vie de famille, reçoivent une éducation qui se rapproche aussi près que possible de celle que leurs parents leur auraient donnée. A partir de douze ans, on commence à enseigner à ces enfants le travail manuel.

Ce mode d'éducation est réservé aux garçons.

Les filles sont placées dans des familles, à la campagne.

Asiles de nuit. — Berlin possède des asiles de nuit municipaux. S'il faut croire M. le docteur V. Bochmert, de Dresde, qui a fait une peinture de l'un de ces établissements que la *Revue d'assistance* a reproduite dans son numéro du mois de juin 1895, ceux-ci laisseraient beaucoup à désirer tant au point de vue de l'aménagement intérieur que de la réglementation et de l'hygiène. Voici ce qu'écrivait M. le Dr Bochmert à propos de l'asile de nuit le plus fréquenté de Berlin, la « Palme », qui est situé dans la Frœbelstrasse :

« Arrivés à la « Palme », ces individus déclarent leur « nom, leur état et leur lieu de naissance. Les nouveaux-« venus prennent un bain et leurs vêtements sont désin-« fectés lors même qu'ils seraient propres. Les habitués « de l'asile ont une vraie terreur de ce bain et surtout de « la désinfection, dont les vapeurs de soufre anéantissent « souvent leurs baillons.

« L'entrée des chambrées, qui contiennent chacune qua-« tre-vingts occupants, donne lieu à de véritables pugilats « et souvent à des rixes sérieuses que les gardiens calment « à coups de bâton. Ces rixes sont causées par le désir de « s'emparer des meilleurs lits, ceux du milieu, qui con-« tiennent moins de vermine. Chaque chambrée a six lava-« bos et une distribution d'eau ; les cabinets sont à l'exté-« rieur ; sur chaque lit est une couverture de laine.

« La « Palme » possède vingt chambrées, dont six sont « réservées aux femmes.

« L'asile étant ouvert toute la nuit, les entrées y sont « incessantes ; à 9 heures on distribue de la soupe et du « pain ; plus tard, la soupe est supprimée. A 10 h. 1/2, la « porte du corridor principal est fermée, tandis que celle « des cabinets reste ouverte.

« Chacun se met alors à son aise ; on allume sa pipe ou

« son cigare ; les ivrognes chantent et se querellent ; d'au-
« tres racontent leurs exploits, d'autres enfin lavent leurs
« chemises à la prise d'eau.

« Un grand commerce d'échange se fait d'une chambrée
« à l'autre, ce sont des saucissons, du pain, du tabac, de
« l'eau-de-vie, des chemises, des vêtements, des couteaux,
« des montres, des porte-monnaie. Des coiffeurs qui, au
« dehors, ne veulent pas travailler, offrent leurs services
« et font de belles recettes.

« De ces chambres surchauffées, se dégage une odeur
« répugnante d'homme, de tabac, de linge qu'on lave, et
« souvent de vomissements ; aussi est-il impossible de ren-
« dre exactement l'aspect de ces locaux qui abritent chaque
« jour des milliers d'individus à l'état de véritables brutes,
« presque tous ivrognes invétérés, voleurs, souteneurs
« ou criminels, parmi lesquels se trouvent parfois quel-
« ques ouvriers honnêtes mêlés à des Russes, des Autri-
« chiens ou des Polonais ; mais c'est Berlin même qui four-
« nit le contingent principal des hôtes de cet asile.

« A 5 heures du matin se fait entendre le cri : levez-
« vous, lavez-vous, et roulez vos couvertures. L'aspect
« général est alors pitoyable. Ces hommes dont les genoux
« tremblent, dont l'ivresse n'est pas encore cuvée, qui ont
« pendant la nuit vidé la bouteille d'alcool dont le contenu
« raffermirait leurs membres, répugnent à manger la sou-
« pe qu'on leur présente, ils attendent avec impatience
« l'ordre de sortir qui se donne à 6 heures, pour ceux qui
« n'ont pas quelque compte à rendre à la justice ».

Quand des circonstances exceptionnelles obligent la municipalité berlinoise à pourvoir d'abris un nombre imprévu de malheureux, les voûtes du chemin de fer métropolitain sont aménagées en asiles de nuit. C'est simple et économique.

Cologne. — La ville de Cologne est une de celles qui se distinguent par le soin apporté à l'organisation des services d'assistance. Comme la plupart des villes allemandes, elle a adopté le sytème d'Elberfeld, non sans lui faire subir des modifications dont quelques-unes sont graves. Les « hommes d'honneur », ces citoyens au dévouement bénévole qui, à Elberfeld, se partagent les enquêtes sur les solliciteurs, sont secondés, à Cologne, par des employés rétribués qui font la première enquête. Les « hommes d'honneur » ou « curateurs » la contrôlent et la complètent. Ils sont plus de huit cents pour la ville. Chaque « homme d'honneur » ne doit pas avoir plus de cinq pauvres. Il remet lui-même le secours au domicile de l'intéressé qu'il a mission de visiter au moins une fois par mois. A la suite de cette visite, le « membre d'honneur » émet un avis sur la situation nouvelle du pauvre. Selon qu'elle s'est aggravée ou avantageusement modifiée, l'allocation est supprimée, maintenue ou augmentée.

Les curateurs des pauvres sont pris dans les divers milieux sociaux parmi les personnes que le conseil municipal juge être les plus aptes et les plus dignes.

Cologne, y compris ses faubourgs, forme 62 sections de bienfaisance. Chaque section a un président et des membres visiteurs. Les sections ont une autonomie relative; elles exercent quelques droits, comme celui de fixer les secours et de les payer sans en référer au Président du Bureau Central.

Du personnel rétribué. — Les employés appointés sont au nombre de six pour la ville et de quatre dans les faubourgs. Ils passent une partie de la journée (le matin) au bureau pour les travaux d'écritures ; la seconde moitié du jour est consacrée par eux à la recherche des renseignements susceptibles d'éclairer la religion des « membres visiteurs » sur les pauvres en instance de secours.

Ces employés sont les *aides* et non les contrôleurs des sections. Ils obtiennent les renseignements dont ils ont besoin soit de la police, soit des pauvres eux-mêmes. Cependant l'enquête à domicile est plus particulièrement réservée aux membres d'honneur.

Ces employés s'attachent à savoir si le solliciteur a des parents pouvant le soutenir, s'il a son domicile de secours à Cologne ou s'il est secouru par une caisse spéciale d'assistance.

Une fiche contenant tous ces renseignements avec l'état civil de l'intéressé est faite pour chaque demande. L'augmentation ou la diminution du secours dépend souvent des observations du médecin, qui, dans le même temps, soigne le pauvre secouru.

De même, les membres d'honneur qui apprennent que des indigents touchent des aumônes de particuliers les décomptent de la somme primitivement allouée par le bureau de bienfaisance.

En règle générale le pauvre se présente au bureau central ou à l'un des bureaux de section porteur d'un mot de son visiteur auquel il s'est adressé tout d'abord. S'il y a urgence incontestable, le président de section ordonne une enquête immédiate. Quelques heures plus tard une décision intervient.

Ces secours d'urgence sont rarement demandés.

Les secours ordinaires, fixés en séance de section, sont payés mensuellement.

L'échelle des secours à distribuer a été dressée en tenant compte de considérations dont il convient de faire connaître l'esprit :

On calcule que, si un ouvrier de fabrique vit avec 60 marks par mois, lui, sa femme et 5 ou 6 enfants, un pauvre qui ne travaille pas a des besoins moindres. Le bureau de bienfaisance de Cologne alloue donc pour une personne seule (sans fixation d'âge) 20 marks par mois.

Voilà l'unité de secours. Elle est influencée par des causes multiples : source de profits, possibilité d'un gain en travaillant, qui la diminuent en proportion et la réduisent à 18, 15, ou 12 marks par exemple. Veut-on faire le compte de ce que recevra une famille de sept personnes ? On aura,

pour le père . . . . 20 marks
pour la mère . . . . 9 marks
pour les 5 enfants (à 6 marks par
tête). . . . . 30 marks

On arrive ainsi exactement à 59 marks, gain d'un père de famille qui travaille pour plusieurs enfants.

C'est là une somme supérieure à celle que gagnent de nombreuses catégories d'ouvriers allemands. Dans les papeteries, par exemple, les salaires n'atteignent pas à cette somme et les ouvriers ont 4 ou 5 jours de chômage par mois.

A Nippes où l'Etat possède une importante usine pour la fabrication du matériel de ses chemins de fer, les ouvriers sont payés en moyenne deux marks par jour.

La classification des pauvres appelés à bénéficier des secours du bureau de bienfaisance de Cologne est faite en vertu d'un règlement communal. La voici avec, pour chaque catégorie de pauvres, l'indication du secours maximum à distribuer :

1° Mariés : l'homme au-dessus de 65 ans, la femme au dessus de 60 ; ensemble	2 florins.
2° Célibataires, veufs, veuves et femmes abandonnées, les hommes au-dessus de 65 ans, les femmes au-dessus de 60 ans ; par tête . . .	1 fl. 50
3° Femmes veuves, abandonnées ou célibataires avec enfants, nécessiteux à partir de 50 ans ou au-dessus	1 fl. 50
4° Femmes veuves, abandonnées ou célibataires avec enfants, nécessiteux au-dessous de 50 ans . . .	1 fl.
5° Personnes que des infirmités corporelles empêchent de se livrer à tout travail	1 fl. 50

La quantité de pain à remettre aux personnes

secourues d'une façon permanente ou temporairement, est fixée à 1 kilog et demi par tête à la condition que le nombre de six pains ne soit pas dépassé pour une seule famille.

Cette distribution limitée de pains peut être remplacée par une allocation de 0 fl. 15 par individu secouru. La participation temporaire aux secours (en cas d'urgence) est admise pour une période déterminée qui peut être prolongée après un nouvel examen de la situation de l'indigent.

Les enfants orphelins ou abandonnés de 4 à 16 ans sont reçus provisoirement à l'hospice des pauvres. Ceux au-dessous de 4 ans sont placés chez des particuliers. Des bandages et appareils orthopédiques sont distribués aux malheureux qui en ont besoin, à titre de secours médicaux lorsqu'ils contribuent à la conservation de la vie ou de la santé des indigents. Ces appareils sont considérés comme des secours ordinaires quand ils servent à mettre les indigents en état de pourvoir à leur entretien.

Dans ce dernier cas, ils ne sont fournis qu'aux personnes très pauvres.

Service médical. — Le soin des malades pauvres est confié à 12 médecins pour la ville ancienne et, à un nombre égal, pour les faubourgs. Ces médecins reçoivent 900 marks par an. Ils ont un périmètre bien déterminé dans lequel ils exercent.

Les médicaments sont donnés gratuitement aux indigents. Les pauvres non inscrits au bureau de bienfaisance sont traités avec une faveur presque égale : l'administration, pour la forme, leur demande seulement 10 pfennigs par médicament.

Les ordonnances des médecins sont exécutées dans les faubourgs chez des pharmaciens avec lesquels la municipalité a passé contrat. Les pauvres de la ville s'adressent à la pharmacie communale (1) qui prépare aussi les médicaments pour les hôpitaux. Le trajet, pour les malheureux, est assez long. Des plaintes ont été formulées à ce sujet. Il a été question de supprimer la pharmacie municipale. A la commission des hôpitaux, les médecins se sont énergiquement prononcés pour le maintien du *statù quo*, en affirmant la supériorité des produits de cette officine.

Cologne n'a pas de dispensaires, mais des services de consultations fonctionnent dans les hôpitaux.

Dans le vieil hôpital que nous avons visité, les salles contiennent trop de lits, ceux-ci sont rapprochés les uns des autres plus qu'il conviendrait. La salle la plus grande, occupée par 24 lits, cube 724 mètres.

Les enfants qui ont dépassé l'âge de fréquenter l'école sont placés dans les salles d'adultes. Il y a, pour les tout jeunes enfants et pour ceux qui vont encore à l'école, une salle spéciale.

1. La ville de Cologne ne possède pas seulement une pharmacie municipale. Elle administre une boulangerie et une brasserie.

Le tarif, par jour, pour les malades non indigents est le suivant :

Pour les étrangers à la ville de Cologne : 1re classe, 12 marks : 2e classe, 9 marks ; 3e classe, 6 marks.

Pour les habitants de Cologne : 1re classe, 7 marks ; 2e classe, 5 marks ; 3e classe, 2 marks ; enfants 1 m. 20.

Le malade de 1re classe est soigné dans une chambre réservée ; ceux de 2e classe ont une chambre commune pour 3 ou 4 malades.

Les malades de 3e classe sont dans les salles communes.

Il y a deux gardiens, l'un pour les non-payants, l'autre pour les pensionnaires.

Des tuyaux de secours contre l'incendie courent dans les couloirs de chaque étage, mais ils ne sont pas armés.

L'hôpital Augusta, construit en 1892, a un meilleur aspect. Situé à Zalpichstrasse dans un quartier neuf, à l'extrémité de la ville, contre les fortications, il est aéré à souhait. Il a été conçu d'après les idées qui depuis quelques années prévalent en Allemagne en matière d'hôpitaux et qui tendent à ne plus construire que des bâtiments légers mais nombreux. C'est le système des pavillons substitué à celui des grandes agglomérations dans un seul édifice.

Le bâtiment principal est pour les hommes. Il y a des pavillons pour les maladies spéciales : siphilis, diphtérie, etc. Un bâtiment est affecté au service de désinfection de la literie.

Les locaux de l'administration de l'hôpital sont dans un pavillon circulaire éloigné des services de l'hôpital.

En tenant compte des recettes provenant des malades payants la journée du malade coûte à l'administration 1 m. 50.

Le service des salles est assuré par des religieuses.

∴

La municipalité est chargée d'administrer un hôpital fondé par un particulier pour les enfants malades.

Enfance. — Les enfants trouvés, orphelins et moralement abandonnés, sont conduits à l'orphelinat communal, *Städtisches Waisenhaus*.

Cet orphelinat qui était logé dans d'anciens bâtiments peu recommandables s'est agrandi il y a un an. Les enfants y sont admis dès le deuxième jour de leur naissance jusqu'à deux ans. L'instruction leur est donnée dans la maison, en classes mixtes, jusqu'à l'âge de 13 ou 14 ans, (1re classe). Les enfants apprennent un métier suivant leurs goûts et leurs aptitudes. On les place en ville ou à la campagne. Dans l'établissement, le prix d'entretien d'un enfant revient à 56 pfennigs par jour (habillement compris). Chez un nourricier, à la ville ou à la campagne, à 10 ou 12 marks par mois.

Les enfants malingres sont conduits à la campagne dans une propriété communale pendant trois semaines.

L'orphelinat possède un joli gymnase couvert et une salle de concert avec piano, jeux de toutes sortes, où les apprentis sont heureux de se retrouver le dimanche.

La neutralité religieuse est proclamée au seuil de l'orphelinat, mais la déclaration verbale faite aux visiteurs s'accorde mal avec les faits qui parlent très haut. Le maître d'école est le curé qui dit la messe. La sacristie, la chapelle occupent une grande place dans l'établissement et dans l'esprit de son directeur qui les signale avec complaisance. La classe de couture, avec ses images ou ses statuettes de saints ou de saintes, appendus aux murs ou placés dans des niches devant lesquelles brûlent constamment des cierges, ressemble plutôt à un lieu de prière qu'à une salle de travail. Ce sont là des marques de neutralité confessionnelle bien singulière, on l'avouera.

∴

Refuge communal. — Il est ouvert toute la nuit pendant l'année entière. Les sans-logis y peuvent coucher plusieurs nuits de suite.

∴

Elberfeld. — Elberfeld ? ce nom seul évoque un système d'organisation de l'assistance. Nous ne l'exposerons pas après tant d'autres. Il est connu. On peut résumer cette organisation en disant qu'elle a pour but de confier au plus grand nombre possible de citoyens la curatelle des pauvres, afin d'assurer, par des enquêtes sincères, l'élimination des quémandeurs de profession.

La division de la ville en circonscriptions ayant chacune un groupe de curateurs, le rôle de ces agents bénévoles, les principaux détails de cette organisation se retrouvent dans les villes d'Allemagne dont nous avons déjà parlé.

A Elberfeld, les secours sont payés aux pauvres par le curateur. Ils ne devraient être donnés que pour une semaine ; en réalité les curateurs s'épargnent une double course en remettant à l'intéressé l'allocation d'une quinzaine.

Aucune limite d'âge ne s'oppose à l'admission des demandes : le degré de misère est seul examiné.

Les secours délivrés par le bureau de bienfaisance d'Elberfeld le sont d'après ce tableau :

Par semaine, pour un mari et sa femme.	6 marks
Par semaine, pour enfant au-dessus de 14 ans qui travaille	3 marks
Par semaine pour enfant de 14 ans et au-dessus qui ne travaille pas pour cause de maladie	2 m. 20
Par semaine, pour enfant de moins de dix ans	1 m. 50

En 1896, il a été secouru 1.080 « positions », représentant 2.574 secours à domicile et 519 personnes secourues dans les maisons hospitalières de la commune : au total 3.093 personnes. Si l'on rapproche ce chiffre de celui de la population d'Elberfeld, on constate que 2,21 pour cent de celle-ci est secourue sur les fonds communaux. Les 2.574 personnes dont il a été fait mention se sont vu distribuer 390.912 marks.

Les secours en espèces entraient dans cette somme pour 224.791 marks.

Secours médicaux. — Au curateur appartient le droit de délivrer le bulletin de visite pour le médecin, sauf recours du malade au chef de la circonscription. Les médecins, payés par la ville à raison de 600 marks par an, sont au nombre de huit. Le pauvre ne peut s'adresser qu'au médecin de son quartier.

Les ordonnances sont exécutées chez les pharmaciens ordinaires qui envoient, chaque trimestre, leurs notes à l'Hôtel de Ville.

Hôpitaux. — Elberfeld a deux hôpitaux : l'un que nous allons décrire, l'autre qui est un baraquement en prévision d'une épidémie *(Epidémiehaus)*.

Hôpital communal. — De construction toute récente, l'hôpital communal d'Elberfeld paraît répondre aux préoccupations les plus diverses du monde médical. Il est placé au pied d'une colline verdoyante, dans un site merveilleux et salubre. Les salles sont claires, bien ouvertes à l'air et à la lumière. Le premier étage est doté d'un avant-corps formant balcon couvert de cinq mètres de largeur où les malades peuvent être amenés sur des lits roulants ou dans des hamacs pour respirer le grand air.

De place en place, dans les couloirs et les escaliers, sont accrochés, à 1 m. 20 du sol, des crachoirs. Ce sont des récipients en verre jaune remplis d'eau.

Les salles contiennent de 20 à 24 lits ; dans chacune d'elles couche un surveillant. A l'extrémité du dortoir, il y a une petite salle de lecture et de récréation. Les secours contre l'incendie sont sérieusement organisés. Toute la tuyauterie d'un étage est placée sous une armoire vitrée. Il suffit de tourner un robinet pour arroser à volonté ; l'appareil est monté, prêt à servir immédiatement à la première alerte.

Dans le bâtiment principal on a réservé une salle, en haut, pour les malades siphilitiques, de façon à éviter leur contact aux autres malades. La chirurgie a son pavillon spécial. Il existe un pavillon pour les aliénés ; ce n'est qu'un lieu d'observation. Les malades qu'on y place ne restent ordinairement là que quelques jours. Si leur surexcitation cérébrale n'était que passagère on les transfère dans une autre partie de l'hôpital ; si, au contraire, la folie est caractérisée, on les évacue sur l'un des asiles de Dusseldorf ou de Grafenberg.

Il est superflu de dire que la diphtérie, la scarlatine, etc., sont traitées dans des salles isolées.

Un tiers des malades soignés à l'hôpital communal d'Elberfeld ne paie rien. Les prix pour les malades payants habitant la ville sont de 6 marks (1re classe), 3 m. 50 (2e classe), 1 m. 50 (3e classe).

Pour les étrangers à Elberfeld : 8 m. ; 4 m. 50 et 2 m.

Les familles peuvent contracter un abonnement avec l'hôpital en vue des soins à donner à leurs domestiques. Moyennant le paiement d'une cotisation de 6 marks l'an, on peut envoyer un malade pendant six semaines à l'hôpital, en dortoir commun. Après ce temps, le tarif ordinaire de l'hôpital est appliqué et le recouvrement de la dépense est opéré sur le patron.

La salle de préparation des opérations, celle des opérations, satisfont à toutes les exigences de la science chirurgicale moderne. Les murs sont couverts de carreaux de porcelaine blanche jusqu'à une hauteur de deux mètres ; au-dessus ils sont enduits d'une peinture à l'huile d'aspect vernissé. Un lavage complet de la salle est effectué à la suite de chaque opération, au moyen d'une tuyauterie qui reçoit de l'eau à forte pression. De minutieux détails d'installation témoignent du souci constant d'éviter le danger de la propagation des germes morbides au dehors : c'est ainsi que les médecins ou les gens de service n'ont pas besoin — l'opération finie — de toucher avec les mains un robinet d'eau pour se laver : une simple pression du pied suffit à amener l'eau dans le lavabo.

Pour éviter la moindre poussière dans ces salles, les appareils de chauffage sont sous le plancher : il n'y a pas de calorifère apparent.

Une salle d'opérations est spécialement affectée aux malades venant de l'extérieur qui ne veulent pas séjourner à l'hôpital.

Le mode d'éclairage est l'électricité.

M. le professeur Pagenstecher, qui a la direction des services de chirurgie de cet hôpital, attache beaucoup d'importance à l'orthopédie appliquée comme moyen complémentaire de guérison. Il a fait aménager, sous les combles, un gymnase pourvu de tous les appareils d'orthopédie imaginables, et rien n'est plus curieux que la vue de cette salle avec les malades en traitement. Après les redressements de membres, ce sont les ankyloses dont on s'occupe le plus à la salle d'orthopédie.

Les massages sont faits par les sœurs laïques; elles y apportent une patience, une bonne volonté remarquables.

Tout le service hospitalier est d'ailleurs confié à des sœurs laïques ; nous expliquerons au chapitre suivant comment elles se recrutent.

Les médecins en chef de l'hôpital d'Elberfeld ont un traitement de 6.000 marks par an, ce qui ne les empêche pas d'exercer en ville. Leurs aides, les médecins-adjoints, sont nourris, habillés, logés et reçoivent 500 marks par an.

Des consultations gratuites sont données et des petites opérations sont faites pour le public extérieur tous les jours, de 8 h. à 9 h. 1/2 du matin.

Les malades sont admis à l'hôpital sans distinction de religion.

Refuge communal. — Il est destiné aux femmes et aux enfants sans logement. Un sergent de ville qui jouit d'une réputation de brutalité méritée, nous a-t-on affirmé, est le surveillant de cet établissement primitif où se trouve une chambre pour les filles-mères à la veille d'accoucher. Les malheureuses ne sont pas admises, en effet, à la Maternité de la Ville où la présentation du certificat de mariage est obligatoire en entrant.

Hospice. — Les vieillards (hommes et femmes) sont hospitalisés dans une maison *Armen-Haus* (maison des pauvres), pêle-mêle avec les épileptiques et les arriérés. Encore faut-il qu'ils aient 60 ans et qu'ils se recommandent par une vie honnête. L'hospitalisation est gratuite. Les chambres sont de 2 à 6 lits. Les vieillards sont libres de se promener au-dehors jusqu'à 10 heures du soir.

Orphelins. — Les jeunes enfants abandonnés sont envoyés en nourrice. Quand ils sont en âge de quitter l'école, on les place en apprentissage. Les filles sont recherchées comme servantes.

Fait curieux : la municipalité d'Elberfeld voit diminuer d'année en année le nombre des orphelins dont elle est la tutrice légale. Cela tient à ce que ces enfants sont recueillis presque tous par des parents survivants. A ceux-ci la ville alloue, lorsqu'ils en font la demande, des secours d'entretien qui sont de 2 marks 1/2 environ. Par contre, le nombre des moralement abandonnés tend plutôt à augmenter.

Bains. — Un service de bains publics communaux fonctionne à Elberfeld. Le prix du bain est de 10 pfennigs.

Hambourg. — La ville de Hambourg applique, avec quelques variantes, le système d'Elberfeld. La cité est divisée, pour l'assistance aux pauvres, en 105 arrondissements subdivisés en autant de sections qu'il y a de fois 70 familles nécessiteuses. Le nombre des curateurs varie proportionnellement à la quantité de pauvres que renferme la section. En règle ordinaire, un curateur n'a pas à s'occuper de plus de cinq familles.

Le secours moyen accordé est de 16 marks. Augmenté pour les veuves ou les chefs de famille chargés d'enfants, il monte assez fréquemment à 40 marks. En aucun cas il n'est payé directement par le curateur. S'il y a urgence, celui-ci fixe le quantum du secours. Les secours ordinaires font l'objet principal des réunions bi-mensuelles des comités d'arrondissement. On les accorde pour trois mois. Ce temps écoulé une nouvelle enquête du curateur et un nouvel avis du comité d'arrondissement déterminent la nature de la mesure à prendre : cessation, modification ou prolongation du secours.

Les fonctionnaires de l'assistance publique n'ont

aucune part aux enquêtes faites sur les indigents ou les nécessiteux.

Pendant l'hiver, la municipalité occupe à la confection de vêtements les vieilles femmes pauvres.

Secours médicaux. — Les médecins du bureau de bienfaisance ont chacun deux arrondissements. Ils touchent 1.000 marks par an et sont choisis pour trois ans. Ces places, très demandées, échoient pour la plupart à des docteurs jeunes, animés d'un beau zèle.

Les frais de l'assistance médicale (traitements du personnel médical, médicaments, etc.) sont prévus au budget de Hambourg pour 300.000 marks, et les dépenses des hôpitaux pour 1.000.000 marks.

La distribution en secours approche de 2.000.000 marks.

Hôpitaux. — Il est difficile d'imaginer rien de plus complet, de mieux outillé que l'hôpital communal ouvert en 1887 à Eppendorf, aux portes de Hambourg, pour les malades indigents ou non indigents de cette ville. Tous les services hospitaliers de l'active cité sont réunis là, au milieu de la verdure, loin du bruit et des gaz pernicieux échappés à l'industrie. Ce groupement est-il exempt de critiques? Ne peut-on éprouver quelques craintes de l'agglomération de tant de malades? Les médecins et la municipalité de Hambourg repoussent ces craintes comme imaginaires : un état sanitaire excellen-

qui dure depuis onze ans, justifie cet optimisme.

L'ensemble des constructions a la forme d'un pentagone, à la base duquel se rencontrent les services administratifs, la pharmacie, la salle de cours, la bibliothèque des médecins; celle-ci est fournie de toutes les publications nouvelles du monde entier, livres, brochures, revues, journaux scientifiques.

Derrière ce bâtiment principal sont espacés, à travers un jardin qui est un véritable parc, 61 pavillons, de 30, 15, et 6 lits, plus 10 pavillons d'isolement pour les diphtériques, les scarlatineux, les varioleux, les cholériques, les typhoïques, etc.

Dix-neuf cents malades, au total, sont soignés à Eppendorf. On les répartit, autant que possible, dans les pavillons, par nature d'affections. Ceux dont le caractère de la maladie est visiblement contagieux sont dirigés sur les pavillons d'isolement.

Les douteux sont placés en observation pendant 24 heures.

Une série de jardinets, presque des petits squares, séparent en deux l'établissement : à droite sont les pavillons des hommes, de l'autre côté sont ceux destinés aux femmes.

4 pavillons sont réservés aux malades payants.

Chaque pavillon est percé de nombreuses fenêtres par lesquelles entrent, égayant le malade, des plantes grimpantes du plus charmant effet.

A la tête du lit est une sonnette au moyen de laquelle le malade peut appeler à tout instant le personnel de service. Les pavillons, inondés de lumière électrique, sont reliés entre eux et avec la direction par le téléphone.

Dans chaque pavillon fonctionne un service complet d'hydrothérapie avec salles de bains, de douches, de bains électriques, de massage, bains de sable, pour les rhumatisants, bains permanents pour les malades qui ont besoin de rester continuellement dans l'eau.

Les plus riches seigneurs ne pourraient prétendre à plus de confort.

Le pavillon d'opérations appellerait, peut-être, la critique. Construit en rotonde fort coquette, il répond intérieurement à toutes les nécessités et exigences de l'art opératoire. Mais il est unique : conséquemment très éloigné d'un assez grand nombre de pavillons. Qu'il pleuve ou qu'il vente, que le soleil darde ses rayons ou que le thermomètre soit au-dessous de zéro, il faut promener à travers le jardin les malades à opérer. Le transport s'effectue sur un brancard placé dans une voiture, cela est vrai, mais n'en résulte-t-il pas quand même, pour le patient, un surcroît de fatigue et des chances de complications ?

Personnel. — Le moment paraît venu de faire une constatation qui n'est pas à l'avantage de notre pays. En France, et nous prendrons Paris pour exemple, les médecins des hôpitaux qui jouissent tous d'un nom honoré dans le monde scientifique sont si peu payés qu'il n'est pas exagéré de dire qu'ils ne le sont pas du tout ; les 1.800 francs qu'ils reçoivent ne couvrent pas assurément leurs courses en voiture. Parce que ces postes sont enviés, l'administration de l'assistance publique trouve naturel qu'ils soient purement honorifiques. Le titre seul de médecin des hôpitaux vaut, dit-on, à celui qui s'en pare, une clientèle riche, de gros revenus. Cela est possible. Il n'en reste pas moins vrai que l'administration est en mauvaise posture lorsqu'il lui faut exiger de ces princes de la science — ainsi les nomme-t-on volontiers — l'accomplissement rigoureux de tous les devoirs d'une fonction dont on découvre difficilement la trace au budget.

En Allemagne, au contraire, les médecins des hôpitaux, bien que conservant le droit d'avoir une clientèle, reçoivent un traitement très convenable. A Elberfeld, qui est une ville de troisième ordre, les chefs de service de l'hôpital communal ont, nous l'avons dit, 6.000 marks par an.

La différence est plus sensible encore pour Hambourg. Le directeur-médecin en chef touche 11.000 marks, soit près de 14.000 francs ; le chirurgien en chef reçoit 12.000 marks; les premiers médecins 6.000 marks et les médecins-adjoints qui habitent l'hôpital ont 1.200 marks.

L'hôpital devient dès lors l'occupation principale du médecin ; la clientèle vient après. On est, du moins, en droit de l'espérer... et de l'exiger.

Les malades sont soignés par des infirmières laïques auxquelles les médecins donnent l'instruction professionnelle. Celles qui entrent en qualité d'élèves paient leur pension. Les infirmières titulaires sont, naturellement, rétribuées.

Des consultations gratuites pour les pauvres sont données tous les matins à l'hôpital.

Vieillards et Infirmes. — Heureuse ville de Hambourg ! Le problème de l'hospitalisation des malheureux ne hante pas sa municipalité : il est résolu. Un immense établissement *Das mert und Armenhaus* abrite 1.300 pauvres de tous âges, de tous sexes, vieillards, infirmes, déments séniles, idiots. Personne n'attend pour entrer : il y a plus de places disponibles que de demandes. Hambourg, c'est une justice à lui rendre, ne se ruinera pas pour son hospice. Tout y sue l'économie : les pavillons-dortoirs construits en briques au ras du sol, le réfectoire au plafond bas, constructions légères trop pénétrables à l'humidité.

L'hospitalisation est gratuite. Y a droit quiconque, âgé d'au moins 40 ans, rentre dans l'une des catégories de pauvres que la commune est légalement obligée d'assister.

Dans la journée ils sont tenus de travailler au service de l'hospice ou de confectionner des sacs.

Ont-ils quelques économies, ils se vêtent à leur gré. Sont-ils pauvres comme Job ? ils portent le costume de la maison. Une fois par mois ils sont autorisés à sortir. A les voir quitter l'hospice, proprets, la pipe aux lèvres, en tenue de ville, l'air satisfait, on les prendrait pour de petits rentiers en route pour une partie fine.

Si primitive que soit leur hospitalisation on la souhaiterait pour les milliers de travailleurs qui, à Paris, malgré l'âge et les infirmités, sont sans espoir de jamais voir le toit de l'assistance publique les abriter.

Le personnel secondaire des hopitaux en Allemagne. — La cornette des religieuses catholiques ne s'aperçoit guère dans les hôpitaux d'Allemagne. En général, en effet, le personnel de service est laïque. M. le professeur Pagenstecher de l'hôpital d'Elberfeld, à qui nous demandions ses préférences à ce sujet, nous disait :

« Il ne peut y avoir pour un médecin un ins-
« tant d'hésitation. Les religieuses catholiques
« veulent dominer partout. Avec elles, l'ère des
« difficultés, des conflits, n'est jamais close. Elle
« se laissent entraîner par leur prosélytisme jus-
« qu'à compromettre la tranquillité des malades.
« Certaines religieuses protestantes n'ont d'ail-
« leurs rien à leur envier à ce sujet. Il y en a,
« par exemple, à Elberfeld, à l'hôpital Bethesda,
« qui sont fanatiques...

« Les sœurs laïques, tout aussi dévouées que
« les religieuses, leur sont de beaucoup supé-
« rieures comme éducation, instruction générale
« et instruction professionnelle. Elles ne sortent
« pas de leur rôle d'infirmières. Le médecin les
« a dans la main. Avec elles nous sommes les
« maîtres dans nos services hospitaliers. Elles
« sont pour nous des aides précieuses. »

— Pardon, interrompîmes-nous : mais ces sœurs laïques coûtent plus cher que les religieuses ?

« *Je ne dis pas non,* nous répondit le docteur

« Pagenstecher, *mais il faut payer et récom- « penser ceux qui vous servent bien* ».

Ces quelques paroles nous frappèrent d'autant plus qu'au cours d'une précédente conversation avec l'éminent praticien, nous avions pu acquérir la conviction qu'il ne professait point en matière politique des idées fort avancées : la chaleur avec laquelle il s'était élevé, devant nous, contre les doctrines socialistes en témoignait. Notre curiosité s'en accrut et lorsque nous retournâmes à l'hôpital d'Elberfeld, nous voulûmes vérifier par nous-mêmes si tous les éloges que nous avait fait d'elles le docteur Pagenstecher étaient mérités. Nous vîmes les sœurs laïques. Leur ton, leurs manières, dénotaient des jeunes femmes bien élevées, distinguées. On nous en présenta une qui était la fille d'un général. Nous les suivîmes aux lits des malades. Nous causâmes à leur directrice... Le docteur Pagenstecher n'avait point exagéré les qualités de son personnel. Et cette impression première se fortifia, par la suite, en visitant d'autres hôpitaux allemands.

Nous avons appris depuis comment ces jeunes femmes sont formées à ce métier tout à la fois si pénible et si noble. Elles appartiennent à la Société évangélique des diaconesses qui possède plusieurs séminaires de sœurs infirmières dans les hospices municipaux à Elberfeld, Erfurth, Madgebourg, Sudenburg, Stetin, Zeitz. Le fondateur de cette institution, le professeur de théologie protestante Zimmer, de Herborn, a pensé qu'il convenait d'apprendre aux dames ou aux demoiselles de bonne famille qui peuvent, par un coup imprévu du sort, se trouver brusquement sans situation dans le monde, à gagner honorablement leur vie en faisant un digne usage de leurs facultés (1).

Ces jeunes femmes sont placées dans des hôpitaux assez importants pour qu'elles puissent y taire leur apprentissage d'infirmières et cependant assez petits pour que la vie en commun des sœurs y soit possible.

Ces hôpitaux sont ainsi comme autant de petits séminaires d'où sortent les diaconesses. Les demoiselles, femmes ou veuves évangéliques, membres de la Société, y sont admises depuis 20 ans jusqu'à 35 ans (2). Les statuts de la Société précisent en ces termes les autres conditions d'admission et le programme des études :

Les aspirantes doivent être bonnes chrétiennes, honorables, de mœurs irréprochables, avoir des dispositions particulières pour le service de diaconesse, être fortes de santé, bien élevées et posséder, si elles aspirent à devenir infirmières, une connaissance pratique approfondie du ménage en général.

1. Les jeunes filles et femmes en Allemagne n'eurent longtemps, comme en France, que la carrière de l'enseignement pour débouché. Elle fut bientôt encombrée. En dirigeant les jeunes femmes vers les hôpitaux on dérivait le courant.

2. La société évangélique des diaconesses forme aussi un personnel d'institutrices. Pour celles-ci, l'âge d'entrée dans la société est de 17 ans.

Les demandes d'admission doivent être adressées à la direction à Herborn (district du Wiesbade) et être accompagnée d'un *auriculum vitæ*, d'un certificat médical de santé, d'un certificat de bonne vie et mœurs délivré par le pasteur, des autres certificats que la postulante peut posséder et de sa photographie.

Les règlements sont partout les mêmes dans les séminaires.

Le séminaire (de la diaconie) est administré par un conseil d'administration (1) et se trouve sous la direction immédiate d'une supérieure qui est en même temps directrice des hôpitaux municipaux et membre du Conseil d'administration.

Les sœurs-élèves du séminaire ont le titre de sœurs. L'enseignement qu'elles reçoivent est gratuit et elles sont nourries, logées et blanchies dans les hôpitaux ainsi que les sœurs-enseignantes.

Sous la direction des sœurs-enseignantes et avec leur concours, les sœurs-élèves ont à s'acquitter de tous les services qui se rapportent aux soins à donner aux malades, y compris la propreté des chambres et des ustensiles dont ils se servent. Elles portent constamment, pendant leur année d'étude, le costume prescrit aux sœurs de la diaconie dans les hôpitaux municipaux.

L'instruction qu'y reçoivent les sœurs-élèves comprend la théorie et la pratique du traitement

1. Le conseil d'administration se compose de sept personnes.

dés malades y compris les soins à donner aux accouchées, la science de l'hygiène, la religion, le droit civil, la psychologie, la pédagogie, le chant, etc.

Les élèves-sœurs restent, à titre d'essai, pendant 6 semaines avant leur admission définitive comme élèves. A l'expiration de cette période le Conseil d'administration se prononce sur l'admission.

Pour les sœurs qui ont déjà l'éducation et l'instruction requises, le Conseil d'administration peut limiter le temps de l'instruction à la période d'essai.

La durée de l'instruction technique et des exercices pratiques se limite d'ordinaire à une année.

Les élèves-sœurs ont des exercices et des récréations en plein air. Elles sont tenues d'en profiter utilement. *Elles sont invitées mais non tenues à assister* régulièrement aux offices religieux. Elles ont le droit de voir leurs familles.

A l'expiration de l'année d'apprentissage les élèves diaconesses passent un examen. Si le résultat en est satisfaisant un diplôme, qui le constate, leur est délivré.

Les sœurs peuvent quitter leur service, en tout temps, sauf à Magdebourg, et sans dédommagement. Toutefois elles sont obligées de prévenir le Conseil d'administration quinze jours à l'avance.

Presque toutes ces jeunes femmes ont une instruction supérieure ; elles connaissent deux langues.

Elles sont payées dans les hôpitaux de 300 à 800 marks par an et sont logées, couchées, blanchies, habillées.

M. le professeur Pagenstecher à qui nous posions cette question :

Ces sœurs-infirmières, membres d'une société protestante, ne font-elles pas de la propagande religieuse au chevet des malades comme les sœurs catholiques?

Nous répondit : « Le fondateur de l'institution « a voulu jouer au Pape, il est vrai. Mais il n'a « pu et il ne pouvait y réussir. Les sœurs laïques « sont fort instruites, elles n'ont point prononcé de « vœux. Elles sont donc absolument libres. Ne « dépendant de personne elles n'ont à obéir à « aucun mot d'ordre religieux. Le soulagement « des malades suffit à leur activité. »

CHAPITRE III

ANGLETERRE

La *Poor-Law* a-t-elle besoin d'être rajeunie ? Londres ; la taxe municipale d'assistance. *Les boards of guardians relieving officers.* — Défense de la loi anglaise d'assistance. — Elle n'est pas inhumaine. — La vraie raison de l'aversion de l'Anglais pour le workhouse. — Cet établissement vaut mieux que sa réputation. — Les petits profits des *guardians.* — Les hôpitaux-flottants pour les maladies contagieuses. Caractère paternel de l'assistance aux enfants. — Le système du *Cottage-house-school* pour les orphelins et les moralement abandonnés. — L'éducation familiale. — L'école-Colonie de Banstead. — La vie quotidienne. — Les métiers enseignés. — Les résultats obtenus.

Il faut lire et relire le beau livre de M. Emile Chevallier (1) pour bien connaître l'historique de la loi anglaise d'assistance publique dont cet auteur, fait avec tant de talent, le procès. Vieille de plusieurs siècles la *Poor Law* a été amendée maintes fois. Sa forme la plus récente date de 1834.

1. *La loi des pauvres et la société anglaise.*

A-t-elle besoin d'être rajeunie ? On le pourrait supposer à en juger par les enquêtes officielles ouvertes depuis trois ou quatre ans, tant dans le Royaume-Uni qu'à l'étranger, sur l'organisation de l'assistance publique et le fonctionnement des œuvres d'assistance privée. Que les membres de cette commission d'enquête ne soient pas partis pour leur voyage d'étude avec un très vif désir d'en rapporter les éléments d'une réforme de la bienfaisance anglaise, cela est croyable. Ils ont vu, ils ont entendu, ils n'ont pas été convaincus et, sans rien enlever au mérite des institutions charitables de leurs voisins, ils se sont montrés au retour plus partisans qu'auparavant de la loi anglaise.

En faut-il rappeler ici le principe fondamental ? En quelques mots il dit tout ce que pense le peuple anglais du devoir d'assistance : « La con-« dition du pauvre assisté par la loi ne peut pas « être meilleure que celle du citoyen indépen-« dant ». Aucun malheureux ne doit mourir de faim, on l'admet, mais la société a le droit de se précautionner contre les dangers que ferait courir à la généralité de ses membres une assistance trop généreusement accordée aux individus dépourvus d'énergie, paresseux ou vicieux.

LONDRES

Administration de l'assistance publique. — 65.750 individus secourus dans les établissements de bienfaisance, 36.156 assistés à domicile : ces deux nombres donnent le bilan de la charité londonnienne. De quelle manière, officiellement, exerce-t-elle son action ?

La ville de Londres, pour l'administration de l'assistance publique, est divisée en 30 districts ou *unions* de paroisses. Les membres de ces unions sont nommés par le peuple. Dans chaque district on trouve un workhouse et un hôpital. Le système municipal de Londres est connu. Autour de la Cité, composée surtout des vieilles corporations possédant des propriétés à revenus considérables, cité ayant ses lois, ses coutumes particulières, ses chartes données par les rois, sa police propre, s'étend la Ville. Les paroisses qui la constituent sont autant de petites municipalités, avec leur conseil de *vestry* élu par les habitants qui acquittent les impôts municipaux. Ces *vestry* sont chargés de l'édilité locale. A côté d'eux le « *board of guardians* », ou conseil des membres-tuteurs, surveille l'administration de l'assistance. Les mêmes électeurs les nomment.

Le budget des *boards of guardians* est alimenté par une taxe municipale sur la valeur locative des immeubles, taxe qui est votée par les conseils de *vestry* dans les limites que leur imposent les *acts* du Parlement.

Ces conseils locaux se déroberaient volontiers au vote des fonds d'assistance pour être agréables à leur clientèle électorale — dont ne fo . pas partie les indigents, (ceux-ci, en effet, n'ont pas le droit de voter) — mais ces fonds ont le caractère de dépenses obligatoires. On a la ressource de les discuter, d'en réclamer, à défaut de l'abolition, la réduction. Les frais d'assistance des pauvres et les crédits pour les écoles gratuites sont les deux sujets qui prêtent le plus aux développements oratoires des candidats et aux polémiques des partis en présence. Invariablement, l'un de ces partis est pour la politique des économies tandis que le parti adverse soutient qu'il est nécessaire de ne point lésiner en matière d'assistance.

Rien n'est nouveau sous le soleil : vérité éternelle. Londres comme d'autres grandes capitales de l'Europe, est à la recherche d'un mode idéal de répartition des fonds d'assistance entre les quartiers de la ville.

Dans la capitale anglaise les contribuables sont taxés par quartier proportionnellement au nombre des pauvres. Dans les quartiers où il y a beaucoup de pauvres on demande naturellement une contribution plus forte aux habitants — pour le budget de l'assistance, — que dans les quartiers riches où les malheureux sont en moins grand nombre. Cette inégale répartition des charges de l'assistance publique est une cause de mécontentement.

L'unité de vote des dépenses est demandée avec, pour conséquence, la répartition de cette somme globale entre les paroisses proportionnellement à la population indigente. Certains esprits que préoccupe cette question voudraient que les crédits pour les pauvres fussent votés par le conseil général du comté de Londres (*London County Council*) qui, actuellement, administre toute la ville. Il est probable qu'un avenir prochain verra réaliser cette réforme.

Ainsi, à la base de l'administration de l'assistance publique à Londres, un double organisme : les *conseils de vestry* (1) obligatoirement tenus de voter la taxe des pauvres ; les *boards of guardians*, conseils de surveillance locaux qui gèrent les fonds des pauvres et surveillent l'administration des établissements d'assistance, *workhouses*, *hôpitaux*, etc.

Au-dessus de ces conseils locaux, l'Etat intervient pour exercer ; par le *local government board*, une action de contrôle. Le *local government board* est un département ministériel correspondant à une fraction de notre ministère de l'Intérieur, la Direction des affaires communales et départementales.

Le *board of guardians* est aidé par des fonctionnaires salariés appelés *relieving officers* (offi-

1. Ce n'est là, nous le rappelons pour mémoire, qu'une des attributions nombreuses de ces conseils locaux.

ciers de secours), qui passent les écritures, font les enquêtes sur les pauvres, distribuent les secours envoient les pauvres au workhouse. Ce sont les agents d'exécution des conseils de *vestry* et de *guardians*.

Prenons un exemple : Une femme est abandonnée par son mari. Le fait n'est pas rare en Angleterre. Le concubinage y est presque inconnu, mais les mariages donnent lieu fréquemment à des séparations. Cette femme va voir le *relieving officer* et lui expose la situation dans laquelle elle se trouve. Elle lui tient à peu près ce langage : « Mon « mari me devait un logis, la nourriture. Il m'a « quittée. Je ne possède rien. Veuillez m'admettre « au workhouse ». Cette demande est accueillie de droit. Seulement l'officier s'empresse de mettre la police aux trousses du mari. Le découvre-t-on ? On le poursuit judiciairement, on pratique au besoin, une saisie sur ses appointements. Et l'administration de l'assistance rentre dans ses déboursés.

En réalité les fonds votés par les conseils de vestry sont simplement destinés à empêcher les malheureux de mourir de faim. Il ne faut rien espérer de plus de l'assistance publique anglaise. Elle dispose, pour remplir ce programme, des workhouses, des infirmary (hôpitaux) et des secours à domicile.

Elle use, sans hésiter, des deux premiers moyens qui lui sont offerts. Elle n'emploie le troisième que lorsqu'il lui est impossible de faire autrement. Les secours à domicile sont accordés dans des cas exceptionnels (1). On les remplace par une offre d'admission des solliciteurs au workhouse. Cela est encore une source d'économies. Plus d'un pauvre qui accepterait une allocation en argent refuse l'hospitalité du workhouse car les pauvres ont, pour ce genre d'établissement, une aversion qu'exploitent habilement les représentants de l'assistance publique.

∴

Quelles malédictions ne s'est pas attirée cette *Poor law* qui autorise, décrète des pratiques ! Des écrivains de bon sens l'ont qualifiée inhumaine. Egoïsme, ce mot qu'on lance si libéralement à la face des Anglais leur a été prodigué à propos du fonctionnement de leurs services d'assistance publique. Des mots ! des mots ! Entre le système en honneur dans quelques pays d'Europe, comme la France, qui consiste à créer une catégorie de citoyens rentés dont le nombre croît régulièrement, et le système anglais qui tend à resserrer systématiquement le cercle des pauvres *officiels* afin de conserver le plus longtemps possible la source de l'activité individuelle, il y a peut-être place pour un système moins déprimant, moins démoralisateur que le premier, plus bienfaisant que le second. Il serait injuste, en tout cas, de nier les mérites théoriques de la loi anglaise. L'application nous paraît très dure. Elle n'est pas cruelle.

1. Aux ménages, par exemple, ayant des enfants.

Vous vous élevez contre le refus des *relieving officers* d'accorder sauf de rares exceptions des secours en argent. Ne voyez-vous pas que ces distributions de secours, dont vous êtes si partisans, encouragent la paresse, détendent peu à peu le ressort d'énergie intérieure de l'individu et transforment rapidement celui-ci en un « inscrit charitable » qui sera toute sa vie à la charge de la société ? Oui, nous savons ; ce que l'on reproche le plus au système anglais c'est le workhouse, ce monstre qui synthétise l'assistance publique en Angleterre. Il faut que ce soit une chose bien effrayante puisque l'Anglais même en a horreur ! Et, sans plus tarder, l'imagination se représente le workhouse, lieu immonde, aux promiscuités dégradantes, tenant du ghetto et du bagne. La réalité est moins terrible.

A leur entrée dans le workhouse, qui n'a pas l'aspect désolant qu'on pourrait supposer (plusieurs ont des cours plantées, des jardins joliment entretenus ; les bâtiments en sont propres), les pauvres sont examinés et classés par catégories. S'ils sont vieux ou atteints de graves infirmités, ils ne travailleront pas. Sont-ils encore capables de travailler un peu quoique infirmes ? On les occupera à de menus ouvrages. Les valides auront une besogne régulière : ils confectionneront des fagots ou contribueront, selon leur métier, à l'entretien du workhouse.

Dans un pavillon spécial la co-habitation du mari et de la femme est permise si chacun des membres du ménage à soixante ans au moins. Au-dessous de cet âge la séparation est réglementaire. Cela est dur très certainement. Nous ne nous sentons pas le courage de trop nous appesantir sur ce sujet quand nous pensons à ce qui se passe dans notre propre pays où des vieillards de 70 ans, plus âgés même, attendent pendant des années leur tour d'hospitalisation, trop heureux quand il arrive!

Les hospitalisés ne sortent pas du workhouse.

Dépendance du workhouse, le *casual ward* offre un asile de deux nuits et un jour, au minimum, à quiconque frappe à sa porte, pourvu qu'il ait atteint l'âge de 16 ans.

Le *casual ward* a provoqué les protestations indignées de quelques écrivains qui l'ont représenté comme un instrument de torture pour les pauvres, en plein dix-neuvième siècle. Il serait paradoxal de prétendre que le *casual ward* est d'un séjour agréable. On y casse des cailloux, en morceaux assez petits pour qu'ils puissent passer à travers les grilles étroites de la chambre-cellule de l'hospitalisé; on y moud *à bras* du blé; on y fait de l'étoupe. Trois brouettées de pierres à casser ou 4 livres d'étoupe à faire (pour les hommes), 2 livres pour les femmes ou 168 livres anglaises de blé à moudre, telle est par jour et par individu la corvée. Le *pauper* (pauvre légal) refuse-t-il de travailler? il est traduit devant un magistrat qui peut le condamner à un emprisonnement variant entre une semaine et un mois.

Ce régime ressemble à s'y méprendre au régime d'une prison. Avant d'en blâmer la sévérité qu'on veuille bien se rappeler les raisons qui guident les Anglais : ils veulent décourager les solliciteurs de profession, éloigner les fainéants, les débauchés, retarder le jour où le pauvre sera contraint par la nécessité de recourir à l'assistance publique parce qu'à ce moment il est considéré comme une force perdue pour la société.

L'apparente cruauté de la loi anglaise n'a qu'un but : maintenir l'énergie de la race.

Les adversaires du workhouse, et, en général, de la loi anglaise, nous paraissent commettre une erreur lorsqu'ils infèrent de l'horreur des pauvres pour le workhouse, qu'on y est très mal.

Que de fois pourtant les journaux londonniens ont raillé le régime exagérément doux de certains workhouses ! Dans son numéro du 3 août 1897, le *Daily New* écrivait à propos de l'un d'eux :

« Le workhouse de Camberwell est préféré, « entre tous, par les chemineaux. Il se peut que « ce soit pour la nourriture. En effet, les locatai- « res de cet établissement n'ont que deux fois par « semaine du gruau, le matin. On leur sert les « autres matins, six onces de pain et une demi- « once de margarine, avec du thé, du café ou du « cacao, alternativement. Les dîners sont aussi « variés : quatre fois par semaine, ils se compo- « sent de cinq onces de viande cuite sans os, « douze onces de pommes de terre cuites et qua- « tre onces de pain. Une fois par semaine, une « excellente soupe de pois ; une fois, quatorze « onze onces de pudding ; une autre fois, six onces

« de pain avec trois onces de fromage et des « oignons frais.

« Le souper consiste, six fois par semaine, en « six onces de pain avec de la margarine et une « fois par semaine d'une pinte et demie de bon « bouillon, thé ou café.

« Les salons sont d'aspect gai, bien aérés et « agréablemeut chauffés en hiver. On y peut fu- « mer, lire des journaux et des livres qui s'y « trouvent en grand nombre. *Il est certain que la* « *vie dans cet établissement est trop confortable.* « On y signale un indigent de 43 ans. Il fréquente « depuis 1881 le « *Palais des Délices* », comme « on appelle ce workhouse. Aussi, plutôt les con- « tribuables s'occuperont de remédier à cet état « de choses, mieux cela vaudra. »

Ce qui éloigne les pauvres du workhouse, ce n'en est donc pas le régime. Ils y vivent aussi bien que dans la plupart des hospices français et mieux que dans beaucoup d'asiles belges, hollandais et suédois. Non. Le pauvre de Londres, quand il fuit devant l'établissement de la Charité officielle, préférant déambuler jour et nuit par les rues, obéit à un vieil instinct de sa race : il veut, même malheureux, rester libre, jouir de l'espace, tenter la chance, lutter pour vivre sans le concours de personne.

Ce que redoute surtout le pauvre de Londres, c'est la privation de la liberté, conséquence de l'entrée au workhouse.

La liberté chez nos voisins d'Outre-Manche n'est pas un vain mot. Chacun en a le sentiment très vif. On l'aime autrement qu'inscrite sur les murs : on la pratique. Elle se manifeste dans les plus petits détails de la vie quotidienne. Tombe-t-il de l'eau? l'Anglais grimpe quand même sur l'impériale de l'omnibus, quoique des places soient libres à l'intérieur. Là-haut il respire, il regarde, il vit...

Cela lui fait oublier la pluie qu'il reçoit.

Avez-vous jamais entendu un Anglais se plaindre qu'on ne distribuât pas à Londres comme à Paris des numéros pour monter en omnibus? Cette soumission à une règle administrative les fait bondir lorsqu'on leur en parle.

Dans beaucoup de restaurants et de cafés à Londres, on refuse de servir les soldats. On affiche pour ces derniers une sorte de mépris, quoique l'armée, dans sa collectivité, soit fort honorée. On sait, d'autre part, à quelles allées et venues, à quel racolage comique se livrent les sergents recruteurs pour obtenir des engagements dans l'armée anglaise. Ne sont-ce pas là d'autres indices du discrédit qui frappe en Angleterre quiconque aliène sa liberté? Ces indices, on les recueille par centaines.

Entrer au workhouse ou à la caserne, c'est renoncer au *struggle for life*, c'est déchoir : L'Anglais est imbu de cette idée. Le jour où l'Angleterre modifierait à la base, dans ses parties essentielles, son système d'assistance publique, le trésor d'activité que constitue à ce pays l'énergie individuelle de ses citoyens serait bientôt entamé et, peut-être, irrémédiablement perdu.

Boards of guardians. — Ce que sont ces « guardians » qu'on représente comme les tuteurs des pauvres, les journaux de Londres le rappellent de temps à autre au public qui pourrait l'oublier. Ils forment un corps élu, pour un temps déterminé, par les contribuables qui acquittent les taxes municipales. Leur rôle est celui de commissaires des pauvres chargés de la surveillance des workhouses et des infirmeries municipales. Recrutés principalement parmi les petits boutiquiers, ils acceptent leurs fonctions à titre gratuit... mais ils savent les rendre, sinon rémunératrices, du moins peu dispendieuses en s'allouant des frais de voyage ou autres en général fort exagérés. Tant que la majoration des dépenses personnelles dont ils demandent le remboursement n'excède pas trop ce qu'on est habitué de leur voir encaisser, tout marche le plus tranquillement du monde. Mais il arrive que les « guardians » dépassant toute mesure, enflent trop la note. Le *local government board* jette alors les hauts cris et fait des représentations aux tuteurs-carottiers. Les petits scandales de ce genre sont assez fréquents et la presse londonnienne ne ménage à leurs auteurs ni la raillerie ni le blâme. Il éclata un de ces scandales l'an dernier et les journaux s'en occupèrent quinze jours durant. MM. les tuteurs avaient beaucoup bu de rafraîchissements. Ils en comptèrent un plus grand nombre sur leur état de dépenses, majorant en outre, de criante façon, leurs frais de déplacement. Le *local government board* écrivit à ce propos une lettre qui rappelait ces messieurs au sentiment des convenances. « Nous vous recommandons, y lisait-on, « de limiter vos dépenses aux rafraîchissements « réellement pris et dans une mesure raisonnable. »

Les abus ne se renouvellent pas moins et les comptes fantastiques des tuteurs des pauvres de Londres demeurent pour nos confrères anglais un sujet trop souvent d'actualité.

Les fondations. — Elles sont, en Angleterre, une branche importante de l'assistance aux pauvres, à côté de la bienfaisance officielle et de la charité privée. Presque tous les grands hôpitaux doivent leur existence à une fondation charitable. L'administration de ces biens provenant de donations et de legs est laissée aux *trustée*, (hommes de confiance), personnes indiquées par les bienfaiteurs instituées par la loi, sous le contrôle des *charity commissionners*, qui sont des fonctionnaires du gouvernement. Ceux-ci ont pour mission de veiller à l'application et à l'exécution des lois et règlements.

Secours médicaux. — A Londres, les malades indigents, qui n'entrent pas à l'hôpital, reçoivent les soins des médecins des pauvres dans des dispensaires. Il y a deux ou trois dispensaires et une pharmacie municipale par district. Jamais le médecin n'accorde consultation avant de connaître le résultat de l'enquête faite par le *relieving officer* sur le solliciteur. La première démarche du malade doit donc être pour cet officier.

Les secours aux femmes enceintes en vue de prévenir l'abandon sont ignorés. Il n'y a pas de service pour le transport des malades ou blessés sur la voie publique.

Lorsqu'un accident se produit dans la rue ou que l'état d'un passant nécessite l'intervention immédiate d'un docteur, la police fait transporter la victime ou le malade, soit à l'hôpital privé, soit à l'*Infirmary*, sur un brancard (il y en a dans tous les bureaux de police) ou en *cab*.

Nous avons déjà eu l'occasion de dire que les hôpitaux sont presque tous, à Londres, l'œuvre de l'initiative privée. Ils vivent des revenus du legs qui a permis de les fonder, auxquels s'ajoutent fréquemment les souscriptions publiques.

Les paroisses ont leurs infirmeries municipales. Les hôpitaux proprement dits, que la ville entretient à ses frais, sont surtout destinés à recevoir les malades atteints d'affections contagieuses. Il en existe sept dans la ville même.

Hôpitaux-flottants. — Certaines maladies, comme la variole, sont soignées loin de Londres, dans deux hôpitaux flottant sur la Tamise. Un bateau-ambulance vient chercher les malades à l'une des trois stations installées le long des quais de Londres.

Les malades douteux sont retenus pendant deux ou trois jours dans le pavillon de l'une de ces stations.

Enfance. — Durs pour eux-mêmes — si l'on

veut bien admettre qu'en Angleterre la loi réflète le sentiment de la nation — quel traitement les Anglais réservent-ils à l'être innocent que le mauvais sort ou l'inconduite des parents voue, avec ceux-ci, à la misère ? L'assistance publique s'en désintéresse-t-elle ? les abandonne-t-elle aux soins de la charité privée ? ou, ne s'en charge-t-elle que pour la forme ? Que ceux, dont les préventions contre notre voisins d'Outre-Manche sont le plus fortement enracinés, daignent comparer l'organisation anglaise de l'assistance aux enfants avec celle d'autres pays. Ils reconnaîtront sans peine que si elle n'est pas parfaite, elle a des côtés excellents et qu'elle s'inspire — on ne saurait en dire autant du même service dans tous les pays — d'un amour véritable et d'un grand respect pour l'enfance.

Au seuil même du service, une première remarque s'impose tout à l'avantage de l'Angleterre. L'admission de l'enfant aux secours publics n'est subordonnée, ni à une question de religion, ni à une question d'état civil, comme en plusieurs pays d'Europe. Légitimes ou non, les enfants sont reçus dans les établissements d'assistance au même titre. Protestants ou catholiques, on ne les place pas ensemble dans une école soi-disant neutre au point de vue religieux : la conscience de l'enfant n'est pas violentée, car il y a, pour les enfants assistés ou abandonnés, des établissements catholiques et des établissements protestants.

Une famille est-elle tout entière obligée de solliciter l'asile du workhouse? Soit que le père ait quelque compte à régler avec la justice, dans une prison de la ville, ou que la maladie le cloue sur un lit d'hôpital, les enfants, s'ils ont moins de trois ans, restent au workhouse. Un quartier leur est affecté où l'on s'efforce de leur rendre la vie agréable. Ceux de 3 à 16 ans sont envoyés dans des *Poor-Law-School* (écoles pour les pauvres assistés) où ils ne demeurent que cinq à six semaines. Ce sont des établissements de passage pour les enfants. Selon que la cause qui sépara ceux-ci de leurs parents a cessé ou doit se prolonger, les petits assistés sont rendus à leur famille ou placés dans des familles.

Dans une *District poor Law School* le pauvret mène une existence qui ne lui fait pas regretter, on peut en être convaincu, celle du logis paternel. Les dortoirs de l'école contiennent peu de couchettes. Ils sont aérés, ensoleillés, gais, d'une propreté... très anglaise. La séparation des sexes dans les classes et les dortoirs commence à sept ans. L'établissement ne sent pas le pédagogue. On n'y voit point de fronts sévères, de regards courroucés. Sur les murs sont des images amusantes et, un peu partout, dans les salles de l'école, des jouets traînent. Tous ces enfants ont la mine joyeuse; rien ne révèle leur triste condition, pas même le costume qu'ils portent, et qui est bien différent de celui des enfants de nos orphelinats. Le côté hygiénique vaut le côté moral. Et la salle de bains, spacieuse, confortablement installée, dit assez que la bonne tenue corporelle des enfants n'est pas le moindre des soucis de la direction.

« Notre pensée de tous les instants, nous disait « le directeur de l'un de ces établissements, est « de faire oublier à nos pensionnaires leur ori- « gine, ce qu'ils sont... »

La belle humeur de cette jeunesse accueillant avec des cris de joie les personnes attachées à l'école proclame suffisamment que le résultat souhaité est obtenu.

On comprend mieux en visitant ces établissements pour l'enfance, la politique suivie avec persistance par les philantropes anglais. Détourner l'adulte de l'assistance parce que l'octroi du secours déshabitue, à la longue, du travail, de l'effort : tout est là. La *Poor law* semble répéter sans cesse aux oreilles du pauvre : « Lutte, « lutte, ne te lasse pas, ne laisse pas entamer « ton fonds d'énergie, raidis-toi contre la misère : « ne t'y abandonne pas. » Mais à l'incapable, à l'enfant qui n'est pas armé pour combattre et se défendre, la société n'applique pas les mêmes principes. Elle a, pour lui, des soins touchants, de la tendresse.

Le séjour de ces enfants assistés ou abandonnés dans la *District poor Law School* est provisoire, avons-nous dit. L'établissement est un asile dépositaire. Les enfants qui doivent rester plus de six semaines sous la tutelle administrative sont placés, en général, chez des nourriciers ou dans des orphelinats.

Une « Union » de Londres remplace avantageusement ce mode d'élevage des enfants assistés ou abandonnés par ce que nous appellerons « la famille artificielle ». Ce que les Anglais désignent sous le nom de *Cottage-Home School*.

Nous avons étudié en détail les *Cottage-Home School* (1) des districts londonniens de Kensington et de Chelsea qui fonctionne depuis 18 ans. Nous croyons rendre service autant qu'intéresser en exposant aussi complètement que possible leur organisation. Il nous paraît qu'il y aurait profit pour les conseils municipaux des villes importantes de France à expérimenter un système dont nos voisins se trouvent fort bien.

L'école du district de Kensington qui fait l'objet de cette étude est, à proprement parler, une colonie familiale. Elle compte 350 garçons, un peu moins de filles (2). Elle est située à Banstead, à une heure de chemin de fer de Londres, en pleine campagne dans un milieu très salubre. Tant qu'on n'a pas pénétré dans l'intérieur du petit domaine de la colonie qu'enclôt un mur bas, on s'imagine avoir devant soi des maisons de campagne appartenant à de braves bourgeois de la cité venus là pour se reposer après fortune faite. L'agglomération scolaire compte 36 constructions à un étage. Entrons dans l'une de ces maisons. Au rez-de-chaussée, il y a la salle à manger, le lavabo, une cuisine grande, propre

1. Pour enfants appartenant à la religion protestante. Les enfants catholiques sont dirigés sur une autre maison.

2. Le personnel de l'établissement se compose de 60 personnes.

et claire. Le premier étage a deux dortoirs de 15 à 18 lits chacuns. Entre les deux est la chambre à coucher du *père* et de la *mère*. Chaque maison réunit, en effet, un ménage distinct composé, pour les garçons, de 30 ou 35 de ceux-ci sous la direction d'un couple marié.

Le mari prend, *administrativement*, le nom de père; la femme celui de mère. Ces deux mots, *père* et *mère* disent tout le programme de l'établissement.

Dans la maisonnette la vie est la même pour tous, enfants et « parents ». Les repas sont pris en commun.

Les jeunes filles sont placées au nombre de 20 ou 25 sous la surveillance d'une « mère », veuve ou célibataire.

Les maisonnettes sont entourées de jardins dont chaque enfant a un carré à entretenir et cultiver pour son agrément personnel. Il y a, en plus, dans chaque cottage de jeunes filles, une blanchisserie où est lavé le linge de la maison.

Les enfants recueillis à la colonie de Banstead sont pour la plupart orphelins. Les autres sont des enfants abandonnés ou privés de leurs parents en raison de circonstances particulières : une hospitalisation prolongée au workhouse, par exemple. Les enfants, à l'exception des plus jeunes, qui vont seulement à l'école, fréquentent concurremment l'atelier et l'école (1). L'un et l'autre sont dans le périmètre de la colonie.

1. Trois jours d'enseignement professionnel; trois jours d'instruction primaire.

Les ateliers sont situés au rez-de-chaussée; l'air et la lumière y pénètrent par de larges baies. Les fondateurs de l'œuvre paraissent s'être inspirés de la doctrine fouriériste : ils ont voulu rendre le travail attrayant. Le mieux pour y réussir était de ne pas l'imposer comme une punition et contre les préférences ou les dispositions de l'enfant. Les jeunes gens choisissent donc eux-mêmes le métier de leur goût. La menuiserie les tente surtout. Il y a, outre cet atelier, une boulangerie, où l'on cuit pour la colonie 60.000 pains de 4 livres par an, et des ateliers de ferronnerie, de cordonnerie, de plomberie et peinture en bâtiments, de vitrerie, de décoration, de tailleur. « La principale préoccupation des maî-« tres, dit un rapport sur cette école, est de donner « un exemple sain et un bon enseignement profes-« sionnel. » Aussi le travail manuel n'est-il pas enseigné par des théoriciens.

Les ouvriers qui dirigent ces ateliers sont choisis parmi les plus habiles en leur métier. Ils sont en même temps *pères*, c'est-à-dire chefs de maisonnée.

Tout ce qui est utile à la vie et au bon entretien de la colonie s'y produit, à peu d'exceptions près, travaux neufs ou réparations les ateliers, pourvoient à tout et fort convenablement, ma foi.

Nous avons indiqué ce que fournit la boulangerie pour les besoins de la colonie. Voici une statistique qui montre l'activité des divers ateliers :

Atelier de cordonnerie (garçons). — En 1897,

il a été fabriqué 684 paires de souliers de garçon. 2362. paires ont été réparées.

Atelier de cordonnerie (filles). —Souliers neufs fabriqués, 497 paires; souliers réparés, 2.199 paires.

Atelier de tailleur. — On y a fabriqué durant la même année 1.796 vêtements neufs de toutes sortes ; 2.563 ont été réparés.

On fait aussi dans les ateliers les vêtements des jeunes filles et le linge de corps des enfants des deux sexes. Ces travaux sont exécutés dans l'atelier des jeunes filles et dans les cottages.

Garçons et filles tricotent et réparent leurs bas dans leurs maisons respectives.

Les végétaux consommés par la population de la colonie sont fournis — réserve faite pour les pommes de terre — par le jardin potager. Pour ces travaux de culture et de jardinage on désigne de préférence les jeunes gens de complexion chétive qui ont besoin, pour se fortifier, d'exercices physiques au grand air.

Ce que vaut le travail manuel des enfants de Banstead, un document officiel nous l'apprend. Aux expositions de Saint-Martin's Hall organisées tous les ans sous les auspices de l'Association des Arts et des Industries domestiques dans la Ville de Sutton, les écoles de Banstead ont obtenu :

Prix de charonnage.

Prix et certificat pour travaux de ciselure.

Prix et certificat pour travaux de plomberie et couverture.

Prix et certificat pour vêtements confectionnés.

Prix de chant, de sténographie et d'écriture à la machine.

Prix de cordonnerie.

Prix pour travaux d'aiguille (jeunes filles).

∴

Parfois, le voyageur qui se promène non loin de la colonie s'arrête, malgré lui. Une musique savamment exécutée charme ses oreilles. Il écoute avec un plaisir non dissimulé... Cet orchestre invisible est celui de l'école de Banstead. Ce n'est point un simple amusement pour les enfants de la colonie : la musique est une section de l'enseignement professionnel. Les jeunes gens qui forment cet orphéon entrent dans le corps de musique de l'armée. Ils sont si recherchés que les agents recruteurs viennent solliciter leur incorporation longtemps avant qu'ils aient la taille et l'âge requis. L'admission des élèves de Banstead dans la musique militaire est autorisée à partir de l'âge de 16 ans. La section musicale de l'école contient ordinairement 35 à 40 élèves. Elle possède à l'une des extrémités de la colonie une belle salle d'exercices et de concerts.

Exercices physiques. — En addition aux exercices militaires élémentaires, on fait faire aux enfants des exercices de gymnastique avec accompagnement de musique.

Les enfants du même cottage vont à la piscine

à partir de l'âge de huit ans, une fois par semaine, entre les heures des classes. Garçons et filles y apprennent à nager et reçoivent, quand ils savent, un certificat l'attestant.

Bains. — Tous les enfants prennent des bains chauds dans les cottages ; les tout petits, cinq fois par semaines ; ceux d'un âge intermédiaire, une ou deux fois par semaine ; les plus grands, au moins une fois.

Penny bank. — L'épargne est très conseillée aux écoliers de Banstead. Sans relations, sans famille, la vie s'annonce plus difficile pour eux. L'administration de l'assistance publique du district cherche bien à leur donner « un exemple sain et un bon enseignement manuel », mais il faut, pour parvenir dans le monde du travail, beaucoup de qualités. L'habitude d'épargner est une de ces qualités essentielles. Le *Post Office* ayant ouvert une caisse d'épargne où l'on peut déposer depuis deux sous (un penny), les élèves de Banstead sont invités à avoir un compte à cette *banque des deux sous* (Penny Bank). L'instituteur en chef fait les dépôts d'argent. Il est le tuteur des enfants en la circonstance.

Voici dans quelles proportions ceux-ci ont répondu à cette invitation d'économiser :

Année 1892.	Déposants 387.	Montant des dépôts	28 *Liv.*
— 1893.	— 440.	—	28 *Liv.*
— 1894.	— 448.	—	18 *Liv.*
— 1895.	— 270.	—	5 *Liv.*

A la fin de l'année 1895, il y avait en caisse (en tenant compte des reports) 26 livres.

Bibliothèque. — La bibliothèque roulante contient 656 volumes. Le nombre des ouvrages prêtés en 3 ans s'est élevé à 7.699.

Récréations et jeux. — Au bout de l'avenue centrale en bordure de laquelle sont construits les cottages, un vaste terrain est réservé pour les jeux. Les garçons les plus âgés apprennent le cricket et le foot-ball suivant les saisons. Cette tâche incombe aux instituteurs qui prennent ainsi leur part de récréation en plein air. Les jeunes gens sont fournis de costumes et de jerseys en flanelle propres à ces ébats. Ils jouent des *matchs* et des *tournois* entre équipes de cottages différents ainsi qu'avec les enfants d'autres écoles de la région.

Une fois la semaine les instituteurs conduisent leurs élèves dans les environs.

Chaque cottage dispose d'une voiture pour promener les enfants qui ne sont pas encore en âge de faire de longues courses à pied.

Les nourriciers (père et mère des cottages) peuvent emmener avec eux les enfants à n'importe quelle heure de la journée s'il n'y a pas d'empêchement scolaire.

Pendant l'été, des petites fêtes sont organisées en plus de la fête annuelle et des sports ordinaires de l'école.

15 ou 16 soirées sont données l'hiver. On y

montre la lanterne magique, on s'y amuse aux jeux de ventriloquie, la musique est naturellement du programme.

Précautions contre le feu. — Les secours en cas de sinistre sont prévus de façon fort intelligente. Il y a dans tous les cottages des tuyaux, des appareils de sauvetage. Ce qui est mieux : chacun y connaît le rôle qu'il doit remplir. Les dispositions sont prises *en tout temps* pour qu'à la première alerte l'évacuation de la maison se fasse rapidement et sans danger. La porte de derrière du cottage est fermée par un seul verrou *à portée de la main de chaque enfant.* Il y a des loquets, mais point de serrures, aux chambres des enfants, afin qu'ils ne puissent jamais y être enfermés.

Les « pères » sont régulièrement exercés aux manœuvres des pompes et autres moyens de défense contre l'incendie. Tous les trimestres, un ancien officier du régiment des pompiers métropolitains passe une revue du personnel et en fait l'inspection.

Vêtements. — Un trousseau, alloué à chaque lit, est marqué au nom de l'enfant et au numéro de son cottage. Chaque enfant a son jeu de brosses : à dents, à cheveux, etc.

Cottages d'observation. — A l'entrée de la colonie, et distantes des cottages de plusieurs centaines de mètres, sont situées deux maisonnettes où les nouveaux arrivants séjournent quinze jours avant leur incorporation à une famille. Ils y restent en observation. Ce délai passé, le médecin qui vient tous les jours à la colonie délivre le certificat d'admission définitive si aucune maladie contagieuse ou autre ne s'est révélée.

Instruction primaire. — L'école qui, pour les commençants, est généralement un épouvantail avec ses murs sombres, ses maîtres au visage trop sérieux, sa discipline mal comprise, a quelque chose de riant, de gai, à Banstead. Instruire en amusant est la devise des institutrices de la classe élémentaire. La classe est en gradins. On montre aux écoliers une ménagerie, et les voilà s'amusant, pouffant de rire. La maîtresse d'école en profite pour leur apprendre les noms des animaux qui excitent si fort leur gaîté, les particularités zoologiques de chacun d'eux. Jusqu'à sept ans les enfants confectionnent des petits objets, cocottes en papier, cornets, paniers. Ils dessinent sur ardoise.

Des cubes de bois servent à faire connaître les couleurs. On étudie sans cesser de chanter un instant. On joue aussi. Les fillettes et les garçonnets ont des poupées (1), et, cela se devine, des navires, beaucoup de navires.

A la Noël leur collection de jouets s'enrichit d'un lot supplémentaire.

On leur distribue également en ce jour de fête

1. Les enfants des autres classes ont des jeux de dames, de jacquet, etc.

plus de 500 pièces de six pences neuves, de quoi faire une royale « dînette » ! Et des dames leur donnent des « homes », des lettres et des cartes de *Christmas*.

Infirmerie. — Elle est aussi proprement tenue que rarement occupée.

Le placement des enfants. — Tel est, brièvement expliqué, le système appliqué par les districts de Kensington et de Chelsea pour l'éducation des enfants orphelins ou abandonnés.

Quels résultats donne-t-il ? Que deviennent ces enfants à la sortie du cottage de Banstead ?

Les jeunes filles qui ont secondé la « mère » dans tous les travaux du ménage : blanchissage (1), cuisine, raccommodage, etc., sont facilement placées en qualité de servantes dans de bonnes familles. L'administration métropolitaine continue d'exercer sa surveillance sur elles jusqu'à leur majorité. Ici, comme en Hollande, en Belgique, en Allemagne, comme partout pourrait-on dire, en exceptant le département de la Seine où l'assistance publique a comblé la lacune en créant des écoles professionnelles de filles, la même différence de traitement s'accuse entre les garçons et les filles. Alors qu'on dote les premiers d'un métier, on n'offre aux secondes, cependant plus mal préparées pour la lutte de la vie, qu'une voie : la domesticité.

1. Les grosses pièces sont seules envoyées à la blanchisserie générale. Toutes les autres sont lavées au cottage.

Cette réserve formulée, constatons que les élèves qui sortent de Banstead se casent bien. La statistique ci-dessous du placement des garçons pour la dernière période triennale prouve la diversité des emplois qu'ils peuvent remplir :

Boulangers 4, charpentiers 4, plombiers et peintres en bâtiment 2, cordonniers 7, forgeron 1, tailleurs 7, jardinier 1, cuisinier 1, coiffeurs 3, garçons d'hôtel et valets de chambre 5, marchand de poissons 1, ingénieur électricien 1, ramoneur 1, épicier 1, imprimeurs 2. Nous ne mentionnons pas ici les enrôlements pour la musique militaire dont nous avons parlé dans une autre partie de cet ouvrage.

Sur 41 filles placées, 37 l'ont été comme bonnes, 2 comme « coiffeurs », 2 comme blanchisseuses.

Ces enfants en quittant le cottage pour entrer en service sont pourvus d'un trousseau complet. Détail à relever : les malles qui renferment ces trousseaux sont fabriquées à Banstead par les jeunes gens.

Il convient d'ailleurs de faire une remarque qui a son importance. L'enfant n'est pas accepté à titre d'ouvrier au lendemain de son départ de l'école du district. Il a de 15 à 16 ans. On le place en ville chez un patron pour finir son apprentissage. Il y est nourri, couché, blanchi et il reçoit un léger salaire qui croît pendant les 18 mois ou les 2 ans qu'il demeure chez ce maître avant de devenir un ouvrier accompli.

Les jeunes gens gardent un si bon souvenir de

l'établissement où s'écoula une partie de leur jeunesse, que 120 d'entre eux y reviennent une fois ou deux par an, malgré leurs occupations et leur éloignement de Banstead.

CHAPITRE IV

BELGIQUE

ORGANISATION GÉNÉRALE

L'assistance publique depuis un siècle.—Modifications législatives successives. — Le domicile du secours. — Lois du 27 novembre 1891.— Les fonds communaux provinciaux. Critiques formulées contre le régime en vigueur. — Une commission royale étudie les réformes à apporter à la législation actuelle. — L'assistance médicale gratuite obligatoire pour les communes.

Rien ne permet mieux de suivre l'évolution politique et surtout sociale d'un pays, ses transformations industrielles, ses crises économiques, que l'étude des modifications successives apportées à son régime d'assistance des pauvres. Si l'exemple de l'Angleterre avec le *Poor Law*, ne suffisait pour affirmer l'existence de cette loi de rapports entre les faits sociaux et la législation charitable, la Belgique offrirait, avec ses cent dernières années d'histoire, un contingent de nouvelles preuves.

Remontons-nous à l'époque qui précéda la domination française? Sur tout le territoire belge un grand nombre de fondations religieuses viennent en aide aux pauvres, les communes prennent mille précautions pour se garantir contre les effets de l'indigence : l'indigent étranger n'a droit d'être secouru que sur le territoire de la commune où son indigence s'est en quelque sorte déclarée. A Bruxelles, on exige que pour pouvoir être secouru, l'indigent ait payé sa part d'impôts communaux. Et lorsqu'un étranger veut s'établir dans la ville,il est forcé de fournir une caution de 80 florins si sa situation de fortune laisse à désirer ou n'a pu être suffisamment établie par les autorités locales.

La Révolution française substitue aussitôt à ce régime la loi du 24 vendémiaire an II, qui décrète,le principe du *droit au secours*, principe hardi qu'accompagne un corollaire d'une exceptionnelle gravité dans les conséquences : *l'assistance publique sera désormais une charge de l'Etat.* La réunion au domaine national des biens de main-morte y compris ceux des fondations charitables expliquait en partie la mesure prise par l'assemblée constituante et permettait de croire à la possibilité d'application.

Les faits se chargèrent bientôt de montrer le danger pour les finances de l'Etat du principe posé et dont on n'avait pas calculé les conséquences financières. Sous la crainte de voir absorber, pour les besoins de l'assistance, la plus grande partie des revenus destinés aux dépenses générales du pays, la loi de vendémiaire fut modifiée et remplacée par celle de ventôse an V, qui rendit leurs biens aux institutions charitables auxquelles ils avaient été enlevés et imprima aux charges d'assistance le caractère local. Le devoir de secourir les pauvres incomba, dès lors, aux communes et, depuis cette époque, il n'a point été transféré à d'autre autorité.

Quelques années s'écoulèrent sans qu'on touchât à la législation. A la suite des guerres de 1814 et 1815 et de la disette survenue en 1816, les inconvénients de la loi de ventôse se firent sentir. N'ayant plus de travail, ne trouvant plus de quoi se nourrir, réduits à une extrême misère, les habitants des campagnes affluèrent vers les villes qui possédaient des institutions charitables. Le danger de cette exode motiva le vote de la loi du 28 novembre 1818, dont le but principal était de rendre plus dures les conditions d'allocation des secours. Le moyen le plus sûr d'atteindre à ce résultat était d'augmenter la durée du temps de résidence dans la même commune pour l'acquisition du domicile de secours. Le législateur ne manqua pas de l'employer. Pour solliciter utilement le secours d'une commune il fallut certifier y demeurer depuis au moins quatre années consécutives. La restriction de l'ancienne législation fut maintenue « qu'un étranger, pour obtenir secours d'une ville « où il prétendait avoir acquis un nouveau domi- « cile de secours, devait payer les impôts commu- « naux ».

A vingt-cinq ans de là, une autre cause semblable à celle qui avait provoqué la revision de la loi de ventôse, obligea de changer les dispositions de la loi de 1818. Ce fut une crise industrielle d'une gravité exceptionnelle. Une des principales industries des Flandres, la filature de lin qui, jusqu'alors avait utilisé un grand nombre de bras se transforma complètement par suite de l'emploi des machines. Des milliers d'artisans furent privés de travail. Le paupérisme se développa rapidement dans les Flandres. De nouveau, comme un lieu de salut, les villes riches en œuvres de bienfaisance apparurent aux malheureux. Le mouvement fut tel que les Chambres, presque unanimement, reconnurent le besoin d'opposer à cette invasion une barrière meilleure que celle élevée par le législateur de 1818 : le temps obligatoire pour acquérir le domicile de secours fut porté, par la loi du 18 février 1845, de quatre à huit années ! Il n'y a pas de meilleur thermomètre des variations législatives en matière d'assistance publique que ce temps de durée du domicile de secours. Selon que cette durée augmente ou diminue on peut dire que les intérêts des populations urbaines l'emportent sur ceux des campagnes ou qu'ils leur sont sacrifiés. En Belgique, l'histoire du domicile de secours n'est qu'une longue lutte entre les centres urbains et les communes rurales. Et chaque victoire d'un des deux partis n'est que le prélude d'une ère nouvelle de discussions, de réclamations, de polémiques. La loi de 1845 n'échappa pas à cette règle. Aussitôt appliquée on lui reprocha de favoriser divers abus. Les villes se plaignaient d'être contraintes de secourir les indigents des communes étrangères et de ne pas obtenir de celles-ci le remboursement des avances, malgré le droit de secours inscrit dans la loi depuis 1818 et toujours maintenu. Les campagnes, contre lesquelles la loi récente avait été dirigée, se plaignirent de ce que leurs habitants recevaient trop facilement des secours dans les villes où le prix d'entretien était exagéré. Les unes et les autres prétendaient que les dépôts de mendicité leur occasionnaient trop de dépenses.

Les villes trouvaient trop court le terme de huit années exigé pour l'acquisition d'un nouveau domicile de secours. Les communes rurales le déclaraient trop long. Les récriminations finirent par prendre une telle tournure que le Gouvernement dut proposer de remanier la loi de 1845. Un premier projet fut déposé en 1869, modifié en 1873 et, enfin, discuté et voté par la Chambre en 1876.

Donnant satisfaction aux habitants des campagnes, le législateur réduisit de huit à cinq ans le temps nécessaire pour acquérir un domicile de secours dans une autre commune. L'organisation d'un *fonds commun* qui devait supporter les trois quarts des frais de l'assistance de certaines catégories d'indigents, fut la seconde des modifications principales introduites par la loi du 14 mars 1876 dans le régime de l'assistance légale. Le *fonds commun* était formé dans chaque province au moyen de contributions dont le Conseil provincial fixait la quotité pour les diverses communes du ressort d'après la population. Cette caisse, administrée par la province, intervenait jusqu'à concurrence des trois quarts dans l'entretien :

1° Des indigents qui avaient quitté la commune de leur domicile de secours depuis plus de cinq ans sans en avoir acquis un nouveau ;

2° Des aliénés, des aveugles et des sourds-muets.

Le phénomène dont nous constations les effets pour la loi de 1845 se reproduisit pour celle de 1876. A peine appliquée, la loi fut l'objet de critiques nombreuses. Il était un résultat qu'on ne pouvait cependant nier : L'institution de ce fonds et la réduction du nombre des années nécessaires pour l'acquisition d'un nouveau domicile de secours, rendaient plus faciles la recherche du véritable domicile de secours de l'indigent et mettaient fin à de nombreux abus. Les communes rurales ne furent pas les dernières à se plaindre. Bref, dix ans après le vote de la loi de 1876, le Gouvernement crut devoir faire une enquête sur les résultats de cette loi, et consulter les administrations intéressées. Les avis émis divergèrent pour divers points, mais s'accordèrent généralement à proclamer la nécessité, sinon de supprimer, du moins de modifier le fonds commun.

Nombre de communes s'élevaient contre l'obligation qui leur était imposée de contribuer au fonds commun dont elles ne retiraient que d'insignifiants avantages et parfois aucun.

Quelques députations permanentes émirent

l'avis que la province et l'Etat devraient concourir avec le fonds commun à l'entretien des sourds-muets, des aveugles et des aliénés.

Quant au délai de cinq ans, il convenait, au dire de diverses communes, de le réduire à un an.

Enfin, d'autres députations insistaient vivement pour que la loi rendît obligatoire le service médical.

Les résultats de l'enquête administrative servirent à la préparation des trois projets de loi qui devinrent la loi du 27 novembre 1891 sur l'assistance publique, le service médical gratuit et la répression de la mendicité et du vagabondage.

Elles forment la législation d'ensemble sur la bienfaisance publique, actuellement en vigueur.

Loi sur l'assistance publique. — L'article premier de la loi sur l'assistance publique est ainsi conçu :

Les secours de la bienfaisance publique sont fournis aux indigents par la commune sur le territoire de laquelle ceux-ci se trouvent, au moment où l'assistance devient nécessaire.

Et l'article 2 :

Les frais de l'entretien et du traitement des indigents admis dans les hôpitaux, les frais de l'assistance de leur famille pendant leur séjour à l'hôpital, et ceux de l'assistance accordée aux enfants de moins de seize ans, orphelins de leur père et de leur mère ou de leur père seulement, et aux enfants naturels non reconnus par leur père et aux vieillards de plus de soixante-dix ans, sont remboursés à la commune qui y a pourvu; lorsque l'indigent secouru a son domicile dans une autre commune, ou n'a pas de domicile de secours en Belgique. Le remboursement est dû, dans le premier cas, par la commune du domicile de secours et, dans le second cas, par l'Etat (1).

Les frais de l'entretien et du traitement de l'indigent admis dans l'hôpital d'une commune et de l'assistance accordée à sa famille ne sont remboursables qu'à compter de la onzième journée, lorsque l'indigent habitait cette commune depuis plus d'un mois, au moment de son entrée à l'hôpital.

Le remboursement n'est pas dû lorsqu'il s'agit d'une ouvrier, d'un apprenti ou d'un domestique admis dans l'hôpital à la suite d'un accident du travail.

Sont seuls remboursables, comme frais de l'assistance accordée à sa famille, les frais de l'assistance accordée pendant le séjour de l'indigent à l'hôpital, aux parents et alliés dont il est le soutien et qui habitent avec lui.

Le droit de recours pour tous les indigents se trouve supprimé (2) et le recours naissant de l'obligation imposée aux communes d'organiser chez elles le service médical des indigents est seul maintenu. Une des dispositions les plus intéressantes de la loi de 1891 est celle qui vise la réor-

1. Ce texte est celui qu'une loi récente a substitué au texte primitif pour mettre sur un pied d'égalité les orphelins de père et les enfants naturels non reconnus par leur père.

2. Sauf exception indiquée au § 1er de l'art. 2, pour les frais d'assistance des enfants de moins de seize ans, orphelins de leur père *et* de leur mère, ou de leur père, des enfants naturels non reconnus par leur père, et des vieillards de plus de soixante-dix ans.

ganisation des fonds communs provinciaux. Nous avons vu plus haut à quel usage étaient destinés ces fonds communs. Les communes étant obligées de payer un quart de l'entretien des indigents de ces trois catégories ne donnaient pas toujours à ces malheureux, surtout aux aliénés, jeunes aveugles et jeunes sourds-muets, les soins nécessaires. Le législateur de 1891 supprima cette obligation. L'Etat, la Province et les Fonds communs alimentés d'une autre façon que précédemment durent assumer l'entretien des aliénés séquestrés à domicile, ou en traitement dans les asiles publics ou privés, des aveugles et des sourds-muets élevés dans des instituts spéciaux. Les autres catégories furent supprimées.

Les imperfections de cette loi ne tardèrent pas à être révélées par sa mise en applique. Si, d'une part, les aliénés sont beaucoup mieux secourus que jadis, si les jeunes aveugles et sourds-muets ont plus de chance de recevoir l'instruction et l'éducation spéciale qui leur convient, d'un autre côté on constate : 1° que les aveugles adultes ne sont plus secourus comme ils devraient l'être; 2° que les communes, affranchies de l'obligation d'intervenir, s'efforcent de faire payer par les autres caisses publiques tous les frais d'entretien, d'hospitalisation de leurs imbéciles, de leurs enfants arriérés et, malgré la défense de la loi — de leurs déments séniles.

D'autres critiques plus graves et non moins justifiées sont adressées de divers côtés au travail parlementaire de 1891. La moindre d'entre elles est que l'interprétation de la loi donne lieu à des contestations innombrables à propos de l'exercice du droit de recours de commune à commune. A chaque instant des difficultés d'interprétation de tel ou tel texte sont soulevées, et les commentateurs ne parviennent pas à se mettre d'accord (1). S'en étonnera-t-on sachant qu'il y a un taux : 1° pour les communes, — domiciles de secours ayant un hôpital ; 2° pour les communes, — domiciles de secours, d'une population dépassant 5.000 habitants et n'ayant pas d'hôpital ; 3° pour la commune, domicile de secours de moins de 5.000 habitants et ne possédant pas d'hôpital ; 4° pour les communes, — domiciles de secours, n'ayant pas d'hôpital et appartenant à une agglomération ?

Le système est si compliqué, si chinois (2) que, dans certaines grandes villes, comme Bruxelles, il a fallu, pour en suivre le fonctionnement, créer un organe spécial, un service de contentieux.

Les petites communes, en effet, s'efforcent de se dérober aux charges — cependant peu lourdes — qui leur incombent légalement et non seulement il n'est pas rare de les voir se refuser à rembour-

1. L'administration provinciale du Brabant a été saisie, dans le courant de l'année dernière, de 688 affaires contentieuses ayant trait à l'application de la loi du 27 novembre 1891 sur l'assistance publique ; sur ce nombre, 152 ont donné lieu à des arrêtés, arrêtés dont 26 ont provoqué des recours au Roi ; trois de ces pourvois ont été accueillis.

Les autres différends ont été aplanis à l'intervention de l'administration provinciale.

2. Le mot est de M. Ch. de Queker.

ser les secours accordés à ceux de leurs indigents qui ont échoué sur un territoire voisin du leur, mais le souci excessif d'économiser leurs deniers les pousse souvent à commettre des actes d'inhumanité. Les enfants abandonnés, notamment, sont délaissés. Un jugement rendu le 24 février 1897 par le tribunal de Bruxelles est, à ce point de vue, tristement édifiant.

Une enfant ayant été abandonnée par sa mère sur le territoire de Lombeck-Sainte-Catherine, le bureau de cette commune refusa d'intervenir dans les frais d'entretien ; le nourricier lui ayant intenté une action en remboursement de ses avances, le tribunal se déclara incompétent (1).

Voilà donc une jeune infortunée repoussée par l'autorité locale qui semblerait chargée de lui assurer l'existence. Que deviendra-t-elle si un particulier ou une association charitable privée ne la recueille pas ?

Les grands centres reprochent à la loi de 1891 de leur imposer une surcharge considérable, et il n'est pas besoin d'un long examen pour reconnaître le bien fondé de ces plaintes. L'application de cette loi conduit, en effet, à des conséquences qu'il est permis de qualifier d'absurdes, comme la suivante :

Une femme admise à la Maternité communale de Bruxelles y passe onze jours. La dépense occasionnée à cet établissement s'élève à 56 fr. 32. Comme elle habite Bruxelles depuis plus d'un

(1) *Revue des Employés communaux*. Juin 1897.

mois, la commune-domicile de secours n'aura à rembourser à la ville de Bruxelles que le montant d'*une* journée d'entretien, (§ 2 de l'article 2).

Les administrateurs des grandes villes accusent les autorités locales des petites communes d'encourager le départ de leurs indigents pour les localités où les établissements de bienfaisance sont nombreux, les secours mieux organisés (1). Les faits ne démentent malheureusement pas ces accusations. Les abus en ce genre se sont à ce point multipliés au détriment des finances des villes importantes que des hommes, dont la vie a été consacrée tout entière à la création et au développement des œuvres philanthropiques, regrettent les sacrifices consentis par les habitants de ces villes.

A quoi bon, disent-ils, tant d'efforts, s'ils doivent profiter à ceux qui n'y ont pris aucune part? Que sert d'ériger des institutions charitables pour les pauvres de notre ville et avec l'argent à eux

1. Des personnes officielles dont le témoignage ne saurait être suspecté nous ont cité diverses communes rurales qui n'ont pas craint de se débarrasser de leurs malades, infirmes ou indigents, en les faisant « déposer » sur le territoire de villes riches en revenus charitables ou en les y envoyant par chemin de fer.

A la Commission royale de Bienfaisance, M. Rœlants, chef de division des hospices civils de la province de Limbourg, a pu dire que les administrations publiques se croient autorisées, surtout dans les petites localités, à refuser un secours aux indigents, en se prévalant de ce que leurs ressources sont restreintes.

destiné, si les indigents de toutes les provinces du royaume en tirent bénéfice?

Il n'est pas contestable, ceux-là le reconnaissent à qui profite la loi actuelle, que l'effet le plus sûr de cette dernière a été d'augmenter l'apathie des petites communes rurales. Elles ne s'occupent pas d'organiser ou de développer les établissements de prévoyance.

Faite manifestement contre les villes, la loi de 1891 est en butte à des attaques incessamment renouvelées. Ce mouvement de protestation a eu pour premier résultat l'institution d'une « Commission royale de la Bienfaisance », pour l'étude des réformes susceptibles d'être apportées au régime actuel.

Comme toutes les commissions officielles qui se respectent, celle-là espace fort ses réunions et ses travaux n'avancent qu'avec « une sage lenteur ». Il serait donc difficile et même téméraire de prétendre connaître dès aujourd'hui les tendances de cette Commission. Tout ce qu'on peut avancer c'est que la loi de 1891, par l'excès des abus qu'elle a produits, a provoqué un excès de réaction. La mauvaise volonté des petites communes à s'acquitter envers leurs indigents du devoir d'assistance prescrit par la loi a conquis de nombreux esprits à l'idée d'une obligation effective.

On le vit bien à la Commission, lorsqu'après une discussion longue et animée sur l'*obligation par la Société de secourir l'indigent*, — obligation dont aucun membre n'avait songé à contester le principe — il s'en fallut d'une voix que la proposition d'inscrire dans la loi le droit au secours fût votée (1).

Quoi d'étonnant à ce qu'une pareille résolution ait été sur le point d'être adoptée par une commission lorsque des hommes éminents comme le propre auteur de la loi décriée, l'honorable M. Lejeune, ancien ministre de la Justice, s'en montrent partisans ?

« La loi, nous disait l'éminent homme d'Etat « belge, oblige, il est vrai, les communes à assis- « ter le pauvre qui se trouve sur son territoire, « mais ce n'est là qu'une obligation morale. Que « vaut cette obligation, sans la proclamation du « droit à l'assistance, c'est-à-dire sans une sanc- « tion possible à l'obligation ? (2)

1. Commission royale de la Bienfaisance. Séance plénière du 20 janvier 1897.

2. Un des sérieux griefs contre l'organisation de l'assistance publique en Belgique, telle qu'elle résulte non seulement de la loi de 1891 mais des lois antérieures qui n'ont pas été abrogées, est l'inégalité des revenus de ville à ville, de commune à commune. Cette disproportion est parfois bien choquante.

Ainsi, d'après une statistique publiée en 1875 (il n'y a pas eu de statistique depuis cette époque), Nivelle avait un revenu de fr. 238.504, avec une population de 10.000 habitants.

Tirlemont avait un revenu de fr. 304.629, avec une population de 14.000 habitants.

Tandis que Schaerbeck n'avait qu'un revenu de fr. 7.806, avec une population de 48.000 habitants.

Saint-Gilles avait un revenu de fr. 15.504, avec une population de 39.000 habitants.

En certaines villes, comme Bruges, les ressources de la

L'ASSISTANCE MÉDICALE GRATUITE. — La loi sur l'assistance médicale gratuite est complémentaire de celle sur l'assistance publique. Leur connexité est si étroite que le Gouvernement fit, du vote de la première, une condition de son intervention financière dans les frais d'application de la seconde.

La loi sur l'assistance médicale gratuite précise les obligations des administrations communales.

L'article premier de cette loi impose aux communes l'une des trois alternatives suivantes :

a) L'organisation d'un service hospitalier dans leurs établissements de bienfaisance.

b) La conclusion d'une convention leur assurant un certain nombre de lits dans un établissement hospitalier indépendant de la commune.

c) L'organisation d'un service médical à domicile.

Les conventions que concluent les communes (art. 2) aux fins prévues par l'article premier, litt. *b*, doivent stipuler l'admission dans un hôpital ou dans un hospice d'un nombre d'indigents malades ou infirmes en rapport avec les besoins de leur service hospitalier et règlent les frais d'entretien et de traitement.

Les conventions qui sont conclues avec une admi-

bienfaisance sont telles qu'on ne sait comment les employer et que la moitié de la population touche des pensions mensuelles sur la caisse de l'assistance publique ! Il faudrait pouvoir fusionner ces revenus et les répartir de plus équitable façon. Mais le moyen ?

nistration publique de bienfaisance par les communes placées sous les attributions des commissaires d'arrondissement sont soumises à l'approbation de la députation permanente du Conseil provincial. Ces conventions ne peuvent avoir une durée de plus de vingt années.

L'article 3 prévoit le cas où une commune refuserait de se soumettre à la loi. Il autorise alors le Gouvernement à prendre les mesures qu'il jugerait nécessaires dans l'intérêt des indigents malades de cette commune.

Le Gouvernement peut, la députation permanente entendue, désigner un établissement hospitalier où seront reçus les indigents malades ou blessés de cette commune et arrêter, d'accord avec l'administration de l'établissement, le tarif des frais de leur traitement, de leur entretien ou faire procéder, d'office, à l'organisation du service médical à domicile.

Les médecins désignés pour le service médical gratuit, sont tenus de traiter tous les indigents malades ou blessés qui se trouvent sur le territoire de la commune (Art. 4).

L'art. 5 donne aux prévisions de dépenses pour le service hospitalier et pour le service de traitement à domicile, le caractère de dépenses obligatoires.

Les communes sont donc tenues d'inscrire annuellement au budget la somme nécessaire soit pour le paiement régulier des frais d'entretien et de traitement que les besoins du service hospitalier de la commune comportent, soit pour le paiement des frais de traitement et d'assistance à domicile.

Bien que figurant au budget communal ces dépenses sont supportées par les hospices et les bureaux de bienfaisance « à concurrence de leurs ressources, à la décharge de la Caisse communale », conformément aux principes généraux de la loi belge sur l'assistance publique.

CHAPITRE V

ORGANISATION GÉNÉRALE DE L'ASSISTANCE EN BELGIQUE (*suite*).

Les organes officiels de l'assistance : hospices civils et bureaux de bienfaisance. Les comités de patronage : leur action. — Les aliénés. — Le placement familial. — Les colonies de Gheel et de Lierneux. — Règlement de ces établissements. — Attributions et fonctionnement des *Comités de charité*.

Les principes essentiels de la loi qui régit présentement la bienfaisance publique en Belgique étant connus, nous allons étudier comment s'exerce cette bienfaisance, par l'intermédiaire de quelles autorités et au moyen de quels organes.

Deux organismes sont spécialement chargés de l'assistance publique : les Bureaux de bienfaisance et les Hospices civils.

La mission de ces organismes est nettement et étroitement définie par les lois qui les ont institués.

La loi du 16 vendémiaire an V a créé les *hospices civils*, chargés de l'administration des hospices, hôpitaux ou maisons de charité, en un mot de tous les établissements publics où sont recueillis, à un titre quelconque, des individus infirmes, des malades, des vieillards, des orphelins, etc.

La loi du 7 frimaire an V a créé les *Bureaux de bienfaisance* dont les fonctions sont de faire la répartition et la distribution des secours à domicile.

Ces attributions sont jugées fort insuffisantes. L'assistance a pris, en effet, depuis qu'elles ont été déterminées, des formes multiples, qui échappent à l'action, notamment, des bureaux de bienfaisance. Instruments vieillots, ceux-ci ne peuvent servir aux besoins présents. C'est ainsi que l'assistance par le travail, une des formes modernes les plus saines de la bienfaisance, ne peut être utilisée ni encouragée par ces institutions, la jurisprudence défendant même aux bureaux de bienfaisance de subsidier des œuvres d'assistance par le travail.

L'article 92 de la loi d'organisation communale impose aux bureaux de bienfaisance l'obligation d'organiser, dans les communes ayant une agglomération de plus de 2.000 habitants, des *comités de charité* chargés de remettre directement les secours aux indigents assistés à domicile.

En réalité ces comités ne sont constitués que dans les villes d'un peu d'importance.

Ce qui existe, en fait, c'est, dans chaque commune, un bureau de bienfaisance. Si ses attributions sont invariables, ses modes de procéder ne le sont pas. Ils diffèrent selon les localités, nous aurons plus loin l'occasion de le constater.

Il n'existe une administration des hospices civils que dans les communes où il y a un établissement hospitalier public. On compte aujourd'hui, d'après les derniers renseignements officiels, 238 hospices civils pour 365 établissements publics divers; il y a 118 établissements privés.

Dans deux villes : Bruxelles et Louvain, par dérogation à la loi générale, les administrations des hospices civils et du bureau de bienfaisance sont réunies en un seul comité qui porte le nom de *Conseil général des hospices et secours.* Toutefois, les patrimoines sont distincts. Dans certaines villes (Hasselt, notamment), les deux administrations, bien que séparées, sont gérées par les mêmes personnes.

Le bourgmestre assiste de droit, quand il lui plait, aux séances du Conseil des hospices civils et du bureau de bienfaisance, et prend part à leurs délibérations. Dans ce cas, il préside l'assemblée avec voix délibérative.

Les membres des deux conseils sont nommés par le Collège communal.

La réunion en une seule administration des hospices civils et des bureaux de bienfaisance, qui est l'exception puisqu'elle n'existe que pour Bruxelles et Louvain, gagnerait cependant à devenir la règle unique. Comment le législateur de 1891 ne l'a-t-il pas compris?

Il est évident que les points de contact entre ces deux organisations sont forcément fréquents. Cette vérité reconnue à Anvers a amené les administrateurs des hospices civils et ceux du bureau de bienfaisance à se réunir mensuellement pour discuter des questions communes.

Les Patronages. — A côté de l'assistance légale coexiste une assistance privée, si l'on s'en rapporte aux personnes qui en assument la charge et qui se recrutent volontairement, mais officielle par le caractère de la mission qui lui est dévolue. Cette assistance se manifeste sous la forme de comités de patronage pour les libérés, les vagabonds, la protection de l'enfance, les aliénés, etc.

Les diverses branches de cette assistance forment une forte organisation ayant à son faîte et la dominant la *Commission Royale des patronages*, organisée par arrêté royal. Présidée par M. Lejeune, ancien ministre de la Justice, les sommités de la Belgique la composent. C'est une académie, une sorte de comité consultatif appelé à donner son avis au Gouvernement sur toutes ces questions et dont les comités de patronage prennent également conseil.

Mais les vrais rouages, toujours en mouvement pour un travail effectif, de cette assistance quasi-officielle, sont les comités de patronage. Il en existe vingt-cinq : un par arrondissement judiciaire. Créés depuis une dizaine d'années, ils se recrutent spontanément. En est membre quiconque est agréé par la Société. A leur tête sont ordinairement placés des magistrats. Leur rôle ? Travailler au relèvement moral et matériel des libérés, des aliénés, des enfants dont la conduite a provoqué l'intervention des autorités administratives ou judiciaires.

La législation belge, en ce qui concerne les délits commis par les enfants ayant moins de seize ans, est la même que la loi française. Elle en diffère absolument pour les contraventions. La loi du 27 novembre 1891 (modifiée en 1897), relative à la répression du vagabondage et de la mendicité, défend de condamner un enfant lorsqu'il n'a commis qu'une contravention. Le jeune contrevenant comparaît devant le juge de paix qui a le choix entre trois solutions : 1° l'acquittement pur et simple ; 2° l'acquittement avec réprimande ; 3° l'acquittement avec mise à la disposition du Gouvernement.

En aucun cas, l'arrêt rendu n'entraîne l'établissement d'un casier judiciaire ; il est même défendu de le mentionner sur les bulletins de renseignements demandés par la police ou la magistrature.

L'enfant mis à la disposition du Gouvernement appartient désormais à celui-ci. La sentence du juge de paix entraîne avec elle la déchéance paternelle. Le Gouvernement fait de l'enfant ce qu'il croit le plus conforme à son intérêt. Il le laisse aux parents ou il l'envoie dans une des écoles de bienfaisance de l'Etat.

Le Gouvernement use rarement de la faculté qu'il a de prolonger jusqu'à 21 ans l'internement. Bien avant cet âge, généralement, l'enfant quitte l'école de bienfaisance.

Deux mesures peuvent alors intervenir. Les

enfants sont rendus à leurs parents qui les ont redemandés ou ils sont placés en apprentissage.

Dans le premier cas, le comité de patronage donne son avis sur l'opportunité de la remise de l'enfant à sa famille ; la moralité de celle-ci est, en la circonstance, un élément précieux à connaître.

Rentré dans le milieu familial, l'enfant reste sous la tutelle de l'Etat. Mais la surveillance que cette tutelle implique n'est pas exercée par la police, elle est déléguée au comité de patronage, dont le visiteur envoie régulièrement tous les quatre mois un rapport à l'administration sur la conduite de l'enfant.

Si les parents sont indignes, le comité s'efforce de placer l'enfant en apprentissage. Une statistique fournie par M. Begerem, ministre de la Justice, à l'appui du premier rapport triennal sur l'exécution de la loi du 27 novembre 1891, relative à la répression du vagabondage et de la mendicité, nous apprend que les comités de patronage n'ont pas placé moins de 1.137 enfants du 1er janvier 1892 au 1er janvier 1895, et 527 du 1er janvier 1894 au 1er janvier 1895.

Les comités de patronage ont presque partout les juges de paix pour correspondants.

Les placements sont gratuits ou payants. Les dépenses occasionnées de ce chef sont remboursées par l'Etat au comité de patronage qui paie directement les patrons ou les nourriciers (1).

La situation de ces comités de patronage est

1. Le rapport de M. le Ministre de la Justice pour l'an-

celle de tuteurs. Agissant en qualité de mandataires de l'État ils placent les enfants et les surveillent.

Il existe environ 3.000 personnes s'occupant en Belgique des patronages.

Une troisième mission les occupe : celle d'assurer la défense des enfants de moins de 16 ans traduits en justice. Le procureur du Roi prévient le Comité qui charge aussitôt l'un de ses membres de procéder à une première enquête. Le membre désigné est, dans la plupart des cas, l'avocat qui présentera la défense de l'enfant. Les renseignements qu'il recueille lui permettent de solliciter du tribunal la mesure la plus propre à relever l'enfant.

Dans les grands centres, la défense des enfants fait l'objet des études de sous-comités formés d'avocats.

Une dernière mission incombe à ces comités de patronage.

Ils s'intéressent aux enfants qui n'ont pas été

née 1897, contient cette statistique des métiers exercés par les élèves placés :

Cultivateurs, domestiques, manouvriers, 323 ; cordonniers, bourreliers, selliers, 32 ; forgerons, poêliers, maréchaux-ferrants, serruriers-mécaniciens, 29 ; menuisiers, charpentiers, ébénistes, tonneliers, 28 ; boulangers, meuniers, 26 ; tailleurs, 23 ; houilleurs, 20 ; jardiniers, 6 ; bouchers-charcutiers, 5 ; paveurs, tailleurs de pierres, 5 ; imprimeurs, 2 ; vanniers, 2 ; sabotiers, 2 ; ardoisiers, 2 ; peintres, 2 ; placements industriels, 2 ; mousses, 2 ; expatriés (Congo) [artisans], 2 ; maçon, 1 ; filles (servantes), 41 ; au total 555.

atteints par une mesure judiciaire, enfants moralement abandonnés ou physiquement martyrisés. Les comités interviennent pour enlever ces enfants à leur famille.

Dans plusieurs villes : Gand, Anvers, Liège, Bruxelles, cette partie de l'œuvre des patronages a paru assez importante et délicate pour que des sociétés se créassent avec ce but déterminé. Ces *Sociétés protectrices des Enfants martyrs*, sans attache ni caractère officiels, absolument privées, se sont heureusement inspirées de la *Société pour le sauvetage de l'Enfance* qui fonctionne si bien à Paris. Ces sociétés rendent à la cause de la protection de l'Enfance des services publiquement reconnus.

Régime des aliénés. — En France, si une personne atteinte d'un accès subit de folie — accès qui peut n'être que passager, — est transportée dans un hospice ou un hôpital, ce fait passe inaperçu et ne jette sur son nom aucun discrédit. Il en est tout autrement si elle est transportée — ne serait-ce que pour quelques heures — dans un local ordinairement réservé à des malfaiteurs ou à des prévenus de crimes ou délits. En vertu de l'article 24 de la loi du 30 juin 1838, les aliénés peuvent être recueillis provisoirement dans des hôpitaux ou dans des hospices ou, si la commune n'en possède pas, dans d'autres locaux, mais ils ne peuvent être ni conduits avec les condamnés ou les prévenus, ni déposés dans une prison.

Cependant à Paris un certain nombre de personnes donnant des signes d'aliénation mentale, avant d'être transportées dans un asile, sont souvent emmenées, non en prison, mais — ce qui, au point de vue de l'effet moral, est presqu'aussi déplorable — au Dépôt de la Préfecture de police. Le fait, mentionné par la presse, a un retentissement fâcheux pour la réputation de l'intéressé et de sa famille. Il pourrait être évité si on installait soit à l'asile Sainte-Anne, soit dans les hôpitaux ou hospices des chambres de claustration provisoire pour les aliénés.

En Belgique (à l'hôpital Stuiwenberg, à Anvers), en Allemagne, à l'hôpital communal d'Elberfeld on a institué des locaux d'attente pour aliénés. Cette manière de procéder présente une supériorité évidente sur la nôtre.

En Belgique la loi interdit d'interner des aliénés dans des prisons. La circulaire du 16 mars 1853 porte que « cette interdiction s'étend aux prisons de toute catégorie, aux maisons de police municipale et de passage comme aux maisons de sûreté et d'arrêt. On comprend toutefois, dit la même instruction, que dans un cas d'urgence l'administration d'une commune rurale, faute de locaux d'une sûreté et d'une solidité suffisantes, se voie dans la nécessité de séquestrer momentanément un aliéné furieux dans le local de la maison de police. Mais ce mode de précaution, excusable seulement au point de vue *de la force majeure*, ne peut être considéré que comme un expédient transitoire et l'administration qui y a recours doit s'empresser de prendre des mesures pour diriger l'aliéné vers l'établissement autorisé à le recevoir et rentrer ainsi dans la légalité ».

En attendant leur placement définitif à l'asile ordinaire, les aliénés, en Belgique, sont recueillis dans un asile *provisoire* ou *de passage* qui doit être installé de préférence dans un local annexé à un hôpital ou à un hospice. Outre ces asiles provisoires, l'arrêté royal du 21 janvier 1892 établit des asiles-dépôts, servant à la fois au placement provisoire et au traitement des aliénés. Le rapporteur du service de l'inspection générale de ces établissements justifie ainsi leur utilité : « Pourquoi, lorsqu'il s'agit d'un mal passager, dont peuvent avoir raison quelques jours de calme et de repos ainsi qu'un traitement approprié, procéder aux formalités compliquées d'une séquestration définitive, imposer aux communes des frais de transport souvent très élevés ? pourquoi condamner enfin le malade à un voyage fatigant au moment où il a besoin de soins et de tranquillité, quand il est possible de le traiter sur place avec les mêmes agents curatifs et les mêmes chances de guérison que dans un asile ordinaire et en lui épargnant même le stigmate d'une collocation définitive ? »

Système du placement familial. — La nécessité de séquestrer les aliénés violents ou dangereux ne fait pas de doute. Mais ne peut-on pas accorder une certaine liberté à ceux qui sont inoffensifs ?

Ce système du placement familial était pratiqué depuis cinq ou six siècles à Gheel, mais cet exemple isolé n'était suivi nulle part.

En 1880 et en 1883 le ministre de la Justice en Belgique ayant signalé l'encombrement des asiles d'aliénés, le Conseil provincial de Liège et la députation provinciale décidèrent de créer une nouvelle colonie analogue à celle de Gheel ; la commune de Lierneux parut satisfaire aux conditions que doit réunir une pareille colonie. « Lorsque la députation se rendit à Lierneux, pour s'assurer qu'elle ne s'était pas trompée en jetant son dévolu sur cette commune, elle fut fort mal accueillie ; le bourgmestre voulut s'opposer par la force à ce qu'on posât les premiers jalons d'une institution dont il appréhendait les conséquences pour ses administrés ; rien n'est contagieux comme la folie, disait-il, et, moi bourgmestre, jamais un fou n'entrera à Lierneux. Ce début était peu encourageant, mais heureusement tous ne partageaient pas les appréhensions de ce brave bourgmestre, plus zélé qu'éclairé » (1). Le Conseil hésita longtemps avant de donner quelque développement à la nouvelle colonie ; il n'envoya tout d'abord que quatre aliénés ; ce nombre augmenta peu à peu, les habitants se montrant de plus en plus désireux d'avoir des aliénés pensionnaires et en réclamant avec insistance. Dans son discours, prononcé à la séance du 6 octobre 1896 du Conseil provincial, M. Pety de

1. Discours de M. Pety de Thozée à la séance du Conseil provincial de Liège du 6 octobre 1896.

Thozée disait : « En décidant l'établissement de la colonie, vos prédécesseurs avaient assuré à de nombreux aliénés wallons un sort plus heureux que celui qui leur aurait été réservé dans un établissement fermé ; on laissait la liberté à des malheureux que la séquestration aurait exaspérés, tout en ménageant, dans une mesure incalculable, les deniers de la province. Il y aura prochainement 500 pensionnaires à Lierneux... »

L'énormité de la dépense qu'aurait entraînée la construction d'asiles a conduit au placement familial. C'est moins la vertu curative du système que son économie qui a guidé les administrateurs belges. Mais les essais obtenus ayant donné des résultats satisfaisants non seulement au point de vue financier, mais à tous les autres points de vue, le Gouvernement belge manifeste l'intention d'appliquer le placement familial aux aliénés sur une plus grande échelle.

On dit dans le rapport du 27 novembre 1894, de M. Begerem, ministre de la Justice : « ... Il est permis d'affirmer, — quoique les statistiques réitérées faites par le Gouvernement n'aient fourni que des données inexactes ou incomplètes, — que les asiles fermés contiennent de nombreux malades dont la place est marquée dans la colonie, où ils bénéficieraient largement de la vie libre, tandis que l'internement dans un asile constitue pour eux un supplice aussi douloureux qu'inutile. En atténuant quelque peu les restrictions, peut-être trop étroites, posées par les règlements à l'entrée de la colonie, on parviendrait probablement à soumettre au régime familial, dont l'éloge n'est plus à faire, tous les aliénés pour lesquels ne se justifient pas des mesures de séquestration proprement dite... L'extension la plus large peut être donnée au système colonial de manière à en départir les bienfaits à tous les malades pour lesquels l'internement dans un asile n'est pas une nécessité de traitement de l'ordre public. La vie libre à tous les malheureux auxquels peuvent être épargnées les tortures de la séquestration : telle est la règle dont le Gouvernement peut s'inspirer, sans amener dans la pratique d'autre réforme que la revision des conditions d'autorisation des asiles existants et l'exécution, pour les établissements à ouvrir ultérieurement, de toute la classe de malades pour laquelle est établi le régime familial. »

Rappelons à ce propos que le Conseil général de la Seine a expérimenté ce régime à Dun-sur-Auron, dans le Cher et que les résultats obtenus ont été favorables.

Nous reproduisons ci-dessous les articles principaux du règlement de l'établissement de Gheel :

Règlement *spécial pour l'organisation de l'établissement d'aliénés de Gheel.*

DE L'INSPECTION ET DE LA SURVEILLANCE DES ALIÉNÉS.

L'inspection et la surveillance des aliénés placés dans la commune de Gheel sont confiés à une commission supérieure, composée :

1° Du gouverneur de la province ou de son délégué, président ;

2° Du procureur du roi près le tribunal de 1re instance de Turnhout ;

3° Du juge de paix du canton ;

4° D'un médecin désigné par le Gouvernement ;

5° Du bourgmestre de la commune ou, en cas d'empêchement, de l'un des échevins ;

6° De deux membres choisis par le ministre de la Justice.

Les administrations des communes ou des hospices ayant au moins vingt-cinq aliénés à Gheel, peuvent se faire représenter par un délégué aux réunions de la commission. Le délégué n'a que voix consultative.

La commission s'assemble, au moins une fois tous les trois mois, dans la commune de Gheel, et y fait une inspection générale de toutes les branches et de tous les détails du service des aliénés.

Elle se réunit au surplus, chaque fois qu'elle en est requise par le ministre de la Justice.

Elle adresse, à la suite de ses visites, un rapport succinct au ministre de la Justice sur la situation de l'établissement.

Les attributions qui lui sont dévolues et les devoirs qu'elle a à remplir sont les mêmes que ceux qui sont mentionnés aux articles 64 et suivants du chapitre IV du règlement général et organique sur le régime des aliénés, approuvé par arrêté royal du 1er juin 1876 et modifié par l'arrêté royal du 31 octobre 1879.

Le médecin-inspecteur et les médecins principaux assistent aux séances de la commission supérieure.

Ils y ont voix consultative.

La commission supérieure arrête dans chacune de ses réunions, la liste des nourriciers autorisés à recevoir des aliénés, le médecin-inspecteur et les médecins principaux entendus.

Un comité permanent, composé : 1° du bourgmestre ; 2° d'un échevin ; 3° du secrétaire-receveur ; 4° du médecin-inspecteur et des deux médecins principaux; 5° d'un membre à désigner par le ministre de la Justice, est chargé de faire les placements, tant des aliénés indigents que des aliénés pensionnaires dont les familles n'auraient pas, elles-mêmes, désigné l'hôte, de veiller au bien-être et aux intérêts des aliénés, de recevoir et de payer les frais d'entretien et le prix des pensions, de surveiller les hôtes et les nourriciers et de tenir la main à l'exécution des lois, arrêtés et règlements.

Il peut être réclamé, auprès du ministre de la Justice, contre les décisions de la commission supérieure et du comité permanent.

Les membres du comité permanent font, alternativement et individuellement, l'inspection de la colonie ainsi que de l'infirmerie.

Le médecin-inspecteur est, le cas échéant, adjoint au membre-visiteur, pour ce qui regarde l'inspection du service médical de la colonie.

DE LA DESTINATION DE L'ÉTABLISSEMENT.

Les aliénés de toutes catégories peuvent être colloqués dans la commune de Gheel, sauf ceux à l'égard desquels il faut employer, avec continuité, les moyens de contrainte et de correction, les aliénés, suicides, homicides et incendiaires, ceux dont les invasions auraient été fréquentes ou dont les affections seraient de nature à troubler la tranquillité ou à blesser la décence publique.

DU PLACEMENT DES ALIÉNÉS; DE LA DÉSIGNATION DES HÔTES ET DES NOURRICIERS, ET DES CONDITIONS AUXQUELLES ILS SONT SOUMIS.

Les aliénés ne peuvent être reçus que par les hôtes et les nourriciers qui ont obtenu une autorisation spéciale à cet effet.

Les hôtes sont les habitants de la commune qui reçoivent les aliénés pensionnaires, et les nourriciers ceux qui reçoivent les aliénés indigents.

Pour obtenir l'autorisation d'être inscrits sur la liste des hôtes ou des nourriciers, les intéressés adressent au comité permanent une demande par écrit, contenant :

1° Les nom et prénoms du postulant ;

2° La profession ;

3° Le domicile ;

4° Le nombre et la désignation des pièces à affecter au logement des aliénés.

Cette autorisation n'est accordée qu'à ceux qui peuvent satisfaire aux conditions essentielles suivantes : de moralité, de soin et de propreté, de nourriture saine et abondante, d'espace, de salubrité et d'aérage des locaux spécialement affectés aux aliénés.

Il est ouvert un registre contenant les nom, prénoms, profession et domicile des hôtes et des nourriciers et la date de l'autorisation qui leur a été accordée.

Le placement chez les hôtes ou nourriciers a lieu en suivant exactement le tour d'inscription au registre mentionné plus haut.

Dans le cas ou, pour un motif quelconque, l'aliéné devrait être déplacé et envoyé chez un autre hôte ou nourricier, il sera remplacé immédiatement par le premier malade entrant.

Il est expressément interdit de placer des aliénés de sexe différent chez le même nourricier.

Les hôtes ou nourriciers ne peuvent recevoir plus d'un aliéné, sans une autorisation spéciale du gouverneur de la province, président de la commission supérieure.

Ils ne peuvent non plus recevoir des pensionnaires libres, en même temps que des aliénés, sans une semblable autorisation.

Ces autorisations ne sont accordées qu'après que tous les hôtes et nourriciers portés au registre dont il s'agit plus haut, sont pourvus d'un aliéné.

Les particuliers peuvent placer leurs aliénés chez tels

hôtes qu'ils jugent convenable, sauf à se conformer aux conditions mises à ce placement.

Les parents, tuteurs ou administrateurs qui désirent placer leurs malades en ne payant que le minimum de la pension, sont tenus de laisser le choix du nourricier au comité permanent, lequel, dans ce cas, assume la responsabilité du régime auquel sont soumis les pensionnaires.

Les parents, tuteurs ou administrations charitables qui entendent payer une pension excédant au moins de 25 francs le minimum fixé par le tarif du prix de la journée d'entretien, peuvent choisir ou faire choisir par leurs délégués les hôtes auxquels ils entendent confier leurs malades ou charger de ce soin le comité permanent.

Dans tous les cas, les arrangements pris avec les hôtes seront portés à la connaissance du comité, afin que celui-ci puisse s'assurer de l'exécution rigoureuse des conditions du contrat, relativement au bien-être du pensionnaire.

Chaque aliéné est placé sous la garde spéciale et la surveillance directe de l'hôte ou du nourricier chez lequel il est mis en pension. Celui-ci est responsable de tous les dommages ou dégâts que son pensionnaire occasionnerait.

Il ne peut employer à son égard aucune espèce de mesure de coercition ou de contrainte sans y avoir été préalablement autorisé par le médecin de section.

On remet à l'hôte ou au nourricier un livret indiquant le nom, l'âge, le sexe, la profession, l'état-civil et le domicile de l'aliéné qui lui est confié.

Ce livret doit être paraphé, lors de chacune de leurs visites, par les personnes préposées à l'inspection et par les médecins. Ceux-ci y inscrivent les prescriptions médicales et diététiques et les recommandations relatives aux moyens de contrainte, qui devraient momentanément être employés.

Il sert de compte courant au nourricier et mentionne les paiements qui lui sont faits successivement.

Le comité permanent et les médecins signalent à la commission supérieure les hôtes et les nourriciers qui ne rempliraient pas les conditions requises, ou qui enfreindraient les dispositions du règlement, afin de les faire rayer immédiatement de la liste, s'il y a lieu. On peut recourir au ministre de la Justice contre la décision de la commission.

Nourriture, logement, coucher, habillement et mode d'occupation des aliénés.

La nourriture des aliénés doit être saine et abondante et, en général, la même que celle de la famille où ils sont placés.

En tout cas ils recevront au moins, par semaine, trois kilogrammes et demi de pain de froment ou de méteil et un kilogramme de viande, indépendamment des légumes, du beurre et de la bière.

Les quantités de pain et de viande pourront être réduites d'un sixième pour les femmes et les enfants au-dessous de quinze ans.

Dans les cas spéciaux et particulièrement dans les cas de maladie incidente, le médecin prescrit l'alimentation et envoie à l'infirmerie s'il est nécessaire, le malade qui aurait besoin d'un régime réparateur extraordinaire.

Les chambres servant de logement aux aliénés doivent avoir, au moins, une surface de 6 mètres carrés et une hauteur de 2 mètres 50 centimètres. Celles au rez-de-chaussée sont élevées au moins d'une marche au-dessus du sol. Si elles se trouvent immédiatement sous la toiture, elles seront convenablement plafonnées, en forme de mansarde.

Elles doivent être munies de fenêtres pouvant s'ouvrir à volonté, ayant au moins 1 mètre de hauteur sur 25 centimètres de largeur, et garnies de châssis en fer, en cas de besoin.

Le sol des chambres sera, de préférence, planchéié ou tout au moins carrelé avec soin.

Deux aliénés ne peuvent être logés dans la même chambre qu'en vertu d'une autorisation spéciale du comité permanent, les médecins entendus ; dans ce cas, l'espace doit être calculé à raison de 12 mètres cubes au minimum, par individu.

Cet article est applicable aux chambres dans lesquelles coucheraient plusieurs personnes aliénées ou non aliénées.

Les murs ou le plafond des chambres doivent être blanchis à la chaux, au moins deux fois par an, et aussi souvent, d'ailleurs, que l'exigent l'hygiène et la propreté.

Le membre visiteur, le secrétaire-receveur, les médecins et les gardes de section veillent, au surplus, de la manière la plus attentive, à tout ce qui concerne la salubrité et la bonne tenue des logements. Ils signalent à la commission supérieure les locaux qui paraîtraient insalubres ou peu convenables et les nourriciers qui refuseraient ou négligeraient d'exécuter les mesures d'assainissement qui leur seraient recommandées.

Les vêtements des indigents doivent être propres et décents, sans marque distinctive apparente, ils sont en étoffe de laine en hiver et en étoffe de coton, de lin ou mélangée, en été.

Les chemises et le linge en général sont changés au moins une fois par semaine et, pour les aliénés malpropres, aussi souvent que le besoin le réclame.

Les aliénés peuvent être occupés par leurs nourriciers à des travaux susceptibles de les distraire, sans les exposer toutefois à une fatigue nuisible.

Cette autorisation peut être suspendue ou retirée du moment où l'on en ferait abus.

On avisera aussi au moyen d'organiser une école en faveur des aliénés qui seraient capables d'en profiter.

DES ÉVASIONS ET DE LA REPRISE DES ALIÉNÉS ÉVADÉS.

Les nourriciers, les infirmiers et les gardes de section sont responsables de l'évasion des aliénés qui leur sont confiés.

Lorsqu'ils estiment qu'un aliéné pourrait avoir l'intention de s'évader, quand même il n'y aurait pas eu de tentative à cet effet, ils sont tenus d'en donner immédiatement connaissance au comité, qui prend les mesures nécessaires pour prévenir l'évasion.

En cas de fuite d'un aliéné, l'hôte ou le nourricier chez lequel il était placé en donne, sur le champ, connaissance au garde de section, au secrétaire-receveur et au bourgmestre de la commune, qui prennent, de concert, les mesures nécessaires pour la reprise de l'évadé.

Le tarif d'indemnité arrêté par la commission supérieure, pour la reprise des aliénés évadés, est fixé à 75 centimes par 5 kilomètres de distance de l'habitation de leur nourricier.

Cette indemnité, ainsi que les frais de route et de séjour dans les asiles provisoires, sont supportés pour trois quarts par le nourricier et pour un quart par le garde de section. Toutefois, si l'aliéné évadé est pensionnaire chez un hôte, celui-ci supporte seul les frais dont il s'agit, le tout sans préjudice de l'autorisation, le cas échéant.

Du retrait et de la suspension des autorisations accordées aux nourriciers, et des déplacements.

Tout nourricier qui enfreint les dispositions du règlement, qui refuse, néglige ou est hors d'état de se conformer aux conditions essentielles qui lui sont imposées, est déclaré inhabile à recevoir des aliénés, et l'autorisation qui a pu lui être accordée à cet effet lui est retirée.

Le nourricier qui refuse ou néglige de suivre les instructions ou les ordres donnés par les membres de la commission supérieure, du comité permanent, ou par le secrétaire receveur et les médecins, peut être frappé de la même incapacité.

Toute violence ou mauvais traitement exercé envers un aliéné est puni du retrait immédiat de l'autorisation, sans préjudice, le cas échéant, des poursuites devant les tribunaux.

Le retrait des autorisations est prononcé par la commission supérieure, sauf recours au ministre de la Justice.

Il peut également être prononcé par le comité permanent, sauf recours à la commission supérieure et au ministre de la Justice.

Le comité permanent peut ordonner le déplacement des aliénés ou leur changement de nourricier, sauf le recours à la commission supérieure et au ministre de la Justice.

Des moyens de sureté et de contrainte.

Les moyens de sûreté et de contrainte ne peuvent être employés que dans des cas tout à fait exceptionnels et ils ne doivent consister que dans l'emploi temporaire de la camisole et du caleçon de force, les ceintures et autres moyens semblables à indiquer par les médecins, l'isolement dans le logement, le transfert à l'infirmerie.

Les gardes de section qui auraient connaissance d'un acte de violence ou d'un abus quelconque, commis par un hôte ou un nourricier, sont tenus d'en donner immédiatement connaissance au médecin principal et au secrétaire, qui en font rapport au comité.

Du régime médical, hygiénique et pharmaceutique.

La commune de Gheel et les hameaux qui en dépendent, sont, quant au service médical, partagés en deux divisions distinctes et entièrement indépendantes.

Un médecin inspecteur préside à l'ensemble du service médical de la colonie.

Il est attaché un médecin principal et un médecin-adjoint à chaque division.

Les médecins habitent, dans leurs divisions respectives, un logement qui leur est fourni par l'administration.

Le ministre de la Justice nomme le médecin inspecteur, les médecins principaux et les médecins-adjoints.

Leur traitement est fixé au taux indiqué ci-après :

	Minimum		Médium		Maximum
Médecin inspecteur .	fr. 5.500	—	6.500	—	7.500
Médecin principal. .	» 5.000	—	6.000	—	7.000
Médecin-adjoint . .	» 3.000	—	3.500	—	4.000

Le médecin principal, ou son adjoint, visite, au moins une fois par semaine, et plus souvent si l'état de d'aliéné l'exige, les curables et, une fois par mois, au moins, les incurables. Il est accompagné dans ses visites par les gardes de la division, qui sont chargés de veiller à l'exécution des prescriptions médicales et hygiéniques.

Les médecins sont, en outre, tenus de se rendre immédiatement auprès de tout malade à la première réquisition de toute personne intéressée.

Les médecins ne peuvent s'absenter sans une autorisation du comité permanent.

Lorsque l'absence doit se prolonger au-delà de dix jours, l'autorisation doit être accordée par le ministre de la Justice.

En cas de démission, d'absence ou d'empêchement de l'un des médecins, de même que dans les cas urgents, ses collègues sont tenus de le remplacer et de donner leurs soins aux aliénés placés hors de la division à laquelle ils appartiennent.

Tous les mois, et plus souvent, si les circonstances l'exigent, les médecins se réunissent en commission, à l'effet de conférer sur tout ce qui intéresse les aliénés, ainsi que sur les améliorations qui peuvent être introduites dans les différentes branches du service.

Une copie du procès-verbal est adressée au ministre de a Justice à la suite de chaque séance.

Les médecins étrangers à la colonie ne sont admis à traiter les aliénés qui s'y trouvent qu'à titre de consultants.

Il est formellement interdit au médecin inspecteur, aux médecins principaux et aux médecins-adjoints de se livrer à la pratique de la clientèle privée.

Il leur est toutefois loisible de faire des consultations en matière d'aliénation mentale, exclusivement.

Les médecins donnent gratuitement leurs soins au personnel de la colonie.

Il est établi une infirmerie, avec deux sections principales : l'une pour les hommes, l'autre pour les femmes.

Tout aliéné, avant d'être placé chez un hôte ou un nourricier, est mis en observation à l'infirmerie.

Le séjour à l'infirmerie est essentiellement temporaire et ne peut excéder sept jours, sans une autorisation spéciale du comité permanent, qui pourra, le cas échéant, dispenser du séjour à l'infirmerie, d'après l'avis du médecin inspecteur.

La direction de l'infirmerie, en ce qui regarde le service médical, hygiénique et disciplinaire, appartient au médecin inspecteur.

Le service médical de l'infirmerie embrasse :

A. — La prescription médicale et la surveillance des médicaments ; la tenue des registres prescrits par l'article 11 de la loi ;

B. — La classification des malades ;

C. — Le lieu et la durée des séquestrations auxquelles on peut être obligé de les soumettre, le degré de liberté dont il convient de les laisser jouir ;

D. — Les personnes et les objets avec lesquels il faut éviter de les mettre en contact ;

E. — Les moyens de répression et d'encouragement à employer à leur égard ;

F. — Les différents genres d'amusement et de travaux auxquels il convient de les occuper ;

G. — La direction et la surveillance générale des gens de service dans les emplois qui regardent exclusivement le service médical et hygiénique ;

H. — La visite régulière de tous les aliénés, qui se fait le matin avant 9 heures et le soir après 5 heures.

L'infirmier ou la surveillante attaché à chaque quartier accompagne le médecin dans ses visites ;

I. — Un extrait du cahier des visites, signé par le médecin, est remis, chaque jour, au secrétaire-receveur, pour distribution des denrées alimentaires et autres articles de consommation.

Cet extrait reste déposé dans les mains du secrétaire-receveur ;

J. — Immédiatement après ses visites, le médecin dresse aussi une liste des médicaments simples et composés, à délivrer par l'un ou l'autre des pharmaciens agréés de la commune.

En cas d'urgence, les prescriptions seront exécutées immédiatement et délivrées à la personne qui remettra l'ordonnance du médecin.

Chaque médicament doit porter une étiquette, indiquant le nom du malade, le numéro d'inscription et la mention de l'usage externe ou interne ;

K. — Les médicaments fournis, d'après les prescriptions inscrites sur les cahiers des médecins, sont administrés aux malades par les surveillants, toutes les fois qu'il n'en aura pas été ordonné autrement ;

L. —Les douches ne peuvent être données qu'en présence et sous la direction du médecin.

Les médicaments prescrits par les médecins sont pris indistinctement chez les pharmaciens de la commune, qui ont accepté le tarif arrêté par le service de santé de l'armée.

Ces pharmaciens sont soumis au contrôle des médecins et de la commission médicale provinciale, qui veillent, chacun en ce qui le concerne, à la bonne préparation des médicaments.

La nomination de la révocation des infirmiers gardes de section appartient au ministre de la Justice, qui fixe leurs appointements.

Leur suspension avec ou sans retenue sur les appointements, peut être prononcée par la commission supérieure, sur l'avis du comité permanent.

Les devoirs et attributions des infirmiers et des gardes de section sont les suivants :

1° Remplir l'office de commissionnaire, d'infirmier, et porter les ordres administratifs, hygiéniques et médicaux ;

2° Parcourir continuellement la section à laquelle ils sont respectivement attachés, et surveiller particulièrement les aliénés qui leur sont désignés à cet effet ;

3° Signaler aux médecins les cas de maladies incidentes qui n'auraient pas été annoncés par les nourriciers ;

4° Assister au transport des malades à l'infirmerie, veiller à la rentrée des aliénés aux heures fixées, prévenir et réprimer tout désordre causé par les aliénés ou dont ils seraient l'objet, empêcher tout mauvais traitement à leur égard, les secourir en cas de besoin et veiller, en général, à la stricte exécution des règlements et des instructions qui peuvent leur être données ;

5° Accompagner, le cas échéant, les aliénés qui se rendent à l'établissement et ceux qui le quittent, poursuivre et reprendre les évadés ;

6° Veiller à l'exécution des prescriptions médicales.

Les infirmiers-gardes de section se conforment, au surplus, aux ordres et aux instructions que peuvent leur donner les médecins et le secrétaire-receveur.

Il est interdit aux infirmiers et gardes de section de se livrer à des occupations étrangères à leurs fonctions pendant les heures de service et de recevoir, sous quelque prétexte que ce soit, des rémunérations ou présents de la part des nourriciers, des hôtes. des aliénés ou d'autres personnes, à raison des fonctions dont ils sont chargés.

Du prix de la journée d'entretien et des pensions.

Le prix de la journée d'entretien est fixé chaque année, conformément à l'article 26 de la loi des 28 décembre 1873 et 25 janvier 1854. Il est basé sur un minimum uniforme calculé sur les frais nécessaires à l'entretien ou au traitement des aliénés. Il peut comprendre plusieurs classes à raison des soins que réclament les diverses catégories de malades.

Dans le prix de la journée d'entretien sont compris tous les frais de nourriture, d'habillement, de logement, de surveillance et de traitement.

De l'ordre et de la police par rapport aux aliénés.

La sortie des aliénés est autorisée, en été, depuis 6 heures du matin jusqu'à 8 heures du soir, et, en hiver, depuis

8 heures du matin jusqu'à 4 heures du soir, sauf les exceptions expressément autorisées par le comité permanent, les médecins entendus.

La fréquentation des cabarets est interdite aux aliénés, il n'est fait exception que pour les aliénés tranquilles, qui se comportent avec décence et qui s'y rendent pour prendre quelque rafraîchissement. En tous cas, il est strictement défendu de leur servir des liqueurs spiritueuses.

Il est interdit aux aliénés d'errer dans les rues et dans le voisinage des granges avec des pipes allumées non couvertes.

Les hôtes, nourriciers, infirmiers et les gardes de section, sont spécialement chargés de veiller à la stricte exécution des dispositions qui précèdent, sans préjudice, pour les premiers, de la responsabilité en cas de dommages ou dégâts que leurs pensionnaires pourraient occasionner.

L'administration communale aura, de son côté, à prendre des mesures pour assurer l'exécution des dispositions qui précèdent, spécialement en ce qui concerne la police des cabarets, la prévention et la répression des abus, outrages et mauvais traitements dont les individus pourraient se rendre coupables envers les aliénés, et les rapports de la police locale avec le personnel préposé à la garde et à la surveillance des aliénés.

DES PRIMES ET DES RÉCOMPENSES A ACCORDER AUX NOURRICIERS.

Des primes et des récompenses sont accordées aux nourriciers qui se distinguent par leur humanité et les soins qu'ils donnent à leurs pensionnaires.

Ces primes et ces récompenses, imputées sur la caisse de l'établissement, sont décernées, en séance spéciale, par la commission supérieure, le comité permanent et les médecins entendus.

L'état de ces récompenses doit être approuvé préalablement par le ministre de la Justice.

CHAPITRE VI

BRUXELLES

Fonctionnement des comités de charité. — Le compte de la bienfaisance bruxelloise. — Une pratique assistance par le travail. Les secours en nature préférés aux secours en argent. —Le service médical.— Le «registre de conscience » dans les hôpitaux. — Les mesures contre l'incendie dans les établissements hospitaliers. — Etat sanitaire des enfants assistés. — La maternité et l'école des sages-femmes.

Bruxelles. — A Bruxelles, le *Conseil général des hospices et secours* duquel relève toute l'administration de l'assistance publique peut nommer, pour l'aider dans l'accomplissement de sa tâche, des commissions spéciales, avec l'approbation du Conseil municipal.

La ville, qui a une population de 180.000 habitants, est divisée en huit sections dans lesquelles fonctionne un comité de charité.

Ces comités de charité, disent les statuts de l'un d'eux, sont chargés de l'allocation des secours qui sont distribués à domicile. Ils s'occupent, en outre, de tout ce qui concerne l'amélioration physique, morale et intellectuelle des indigents.

Ils se mettent en relation avec les médecins des pauvres, avec le bureau d'hygiène de l'Administration communale et les comités scolaires. Ils signalent à ceux-ci les enfants de la classe indigente qui ne fréquentent pas l'école primaire ou l'école gardienne. Ils font les démarches utiles à leur admission dans les écoles ou dans les crèches. Ils leur procurent les vêtements nécessaires pour la fréquentation des écoles.

Les membres des comités se répartissent entre eux le service de la surveillance des ménages secourus qui habitent la circonscription.

Ils se mettent en rapport avec les patrons, afin d'obtenir des renseignements sur le salaire perçu par les indigents qui sollicitent des secours.

Ils s'enquièrent des ateliers où du travail est offert. La liste de ces ateliers est affichée dans chaque maison de secours.

Les membres de ces comités choisis dans toutes les classes de la société sont nommés par le collège des bourgmestre et échevins, sur une liste double que présente le conseil général des hospices et secours.

Le renouvellement des membres des comités s'effectue par tiers chaque année.

Ils se réunissent régulièrement une fois par semaine à la maison de secours.

Le nombre des membres composant ces comités varie de 7 à 10.

Un employé payé remplit les fonctions de secrétaire. Deux inspecteurs (1) par section visitent les pauvres. Ils rédigent pour chaque demande un rapport circonstancié sur ce qu'ils ont vu et les renseignements qu'ils ont recueillis.

L'enquête prouve-t-elle la justesse des doléances du solliciteur? Les conclusions de l'inspecteur sont soumises à la ratification des membres du comité de charité.

Au contraire, si les obligations du pauvre sont contredites par l'enquête, le membre du comité qui est le plus voisin de ce pauvre procède à une contre-enquête.

Jusqu'en 1870, les membres des comités de charité distribuaient eux-mêmes les bons de secours. Quelques-uns se rendaient coupables de fraudes, utilisant pour eux les bons de secours réservés aux pauvres. Ces pratiques ont fait renoncer à ce mode de distribution. Aujourd'hui les pauvres doivent venir toucher, en personne, à la maison de secours. Il n'est fait d'exception que pour les vieillards d'un âge très avancé et pour les infirmes. Les inspecteurs du bureau de bienfaisance qui connaissent presque tous les indigents assistent à la distribution. S'ils ont un doute sur l'identité du bénéficiaire du bon, l'employé se charge de porter le secours à domicile.

Ces précautions, faciles à prendre au milieu d'une population relativement peu dense, ne sau-

1. Ce sont des fonctionnaires de l'administration des hospices. Leur traitement est de 2.400 francs par an.

raient être appliquées dans les bureaux de bienfaisance de grandes villes comme Paris. Encore est-il bon de faire remarquer qu'elles ne préviennent pas absolument les fraudes. Il y a peu de temps, en effet, un conseiller de Bruxelles dénonçait en plein Conseil communal le trafic qui se faisait aux portes des maisons de secours où des individus guettaient les indigents pour leur acheter les bons de secours qu'ils venaient de recevoir.

Des secours. — A la maison de secours les membres des comités de charité tiennent leurs séances, les employés font leurs écritures et reçoivent les pauvres, les médecins donnent les consultations. C'est là aussi que sont distribués les secours.

Ils sont en nature ou en espèces. Quelques chiffres nous fixeront sur la proportion des dépenses pour ces deux sortes de secours.

Au cours de l'exercice 1895 il a été dépensé pour le compte de la Bienfaisance à Bruxelles :

Secours ordinaires.

Secours en argent. . . . . fr.	117.211 93
— en nature	133.614 32
— aux indigents étrangers .	9.639 98
	260.466 23

Secours divers et frais d'entretien.

Entretien des enfants à la charge de la Bienfaisance. . . . . fr.	48.509 88
Pensions d'indigents invalides placés à la campagne.	19.840 43
Secours mensuels à des vieillards .	172.441 26
Frais d'accouchements d'indigentes.	10.428 00
Remboursement des secours accordés par des communes à des indigents de Bruxelles.	9.446 45
	260.666 02

Si l'on retranche la somme affectée au paiement de pensions mensuelles à 1.326 vieillards et infirmes (1), on se rend compte de la préférence accordée par les membres des comités de charité aux secours en nature.

Ces secours consistent en vêtements, objets de couchage, layettes, etc., instruments de travail, bons de comestibles et de combustibles, secours médicaux.

Des magasins spéciaux sont annexés à la maison de secours. Les indigents y viennent retirer les secours qui leur ont été attribués.

Pendant longtemps les secours en chauffage,

1. A moins d'infirmités précoces les secours mensuels ne sont accordés qu'à des vieillards ayant au moins 60 ans, incapables de travailler. La pension servie atteint au maximum 15 francs par mois.

qui sont une des formes les plus usitées de la bienfaisance publique en Belgique, furent distribués dans les locaux des maisons de secours.

Depuis le mois de mars 1895, l'administration fait transporter à domicile le charbon destiné aux indigents. Cette entreprise est effectuée en sacs plombés d'une contenance de cinquante kilogrammes.

La viande, le lait et les œufs sont touchés par l'indigent, tantôt chez des commerçants de la ville, tantôt au siège de sociétés coopératives alimentaires.

La remise de vêtements aux indigents constitue un autre mode de secours très communément employé à Bruxelles par les comités de charité. Ces secours ont l'avantage de fournir en même temps un moyen d'assistance par le travail qui rend de réels services. La plupart des objets de vêture nécessaires aux hôpitaux ou aux pauvres, chemises, capotes, etc., sont confectionnés par des personnes indigentes qui ne touchent du bureau de bienfaisance, qu'un secours insuffisant pour vivre.

Ce genre de travail est ordinairement confié aux ménagères. Comme il est un peu plus payé que dans les ateliers privés, le danger d'avilir les salaires par une diminution du prix de la main d'œuvre se trouve écarté (1).

Le tableau suivant montrera les divers secours

1. La confection d'une chemise de femme est payée 0 fr. 25; d'homme, 0 fr. 32; d'enfant nouveau-né, 0 fr. 10.

en nature distribués en 1895 par les comités de charité et leur importance :

		fr.
1,404	chemises pour hommes.	1,849.54
7,678	id. femmes	8,465.68
2,368	id. garçons.	2,488.63
2,952	id. filles.	2,607.80
6,575	couvertures de coton. . , ...	13,470.23
191	id. de laine (grandes). . . .	1,011.60
79	id. id. (petites). . . .	231.45
5,741	toiles à paillasses (grandes).	14,484.80
63	id id. (petites)	76.1
120	toiles à traversins (grandes)	121.17
8	id. id. (petites)	4.56
1,238	layettes.	5,569.47
223	camisoles pour hommes.	634.40
175	id. id. femmes	367.92
131	caleçons pour hommes.	655.96
105	id. femmes	525.42
145	jupons.	665.98
52	blouses.	134.32
751	paires galoches pour enfants et adultes.	608.33
«	Trousseaux et vêtements divers. . .	13,567.40
117,602	kilogrammes de paille.	6,980.46
17,950	id. de pommes de terre . .	1,256.50
396,610	id. de charbon.	7,133.42
99,101	pains	19,485.92
	Dîners.	23,370.19
	Viande prescrite par les médecins . .	3,186.05
	Lait et œufs id. . .	2,074.00

Admission aux secours. — Sont seuls admis aux secours distribués par les comités de charité, les indigents qui se trouvent momentanément dans l'impossibilité de suffire à leurs besoins ou à ceux de leur famille.

Les comités peuvent ne pas accorder de secours aux indigents qui refusent de faire vacciner leurs enfants, ou qui ne justifient pas que ceux-ci, s'ils ont moins de 12 ans, fréquentent régulièrement l'école (1).

Cette disposition s'applique aux cas de revaccination ordonnée par mesure d'hygiène publique.

Lorsqu'un indigent en état de travailler sollicite un secours pour cause de manque d'ouvrage, le comité examine s'il n'y a pas lieu de provoquer son entrée au service du balayage de la voie publique. Si l'indigent refuse l'occupation qui lui est procurée, le secours n'est pas accordé.

Les indigents qui réclament des secours doivent s'adresser à la maison de secours.

Leur demande, même verbale, est inscrite dans un registre et fait l'objet d'un rapport immédiat de l'inspecteur.

L'employé chargé de la tenue de ce registre indique dans une colonne le jour et l'heure de la réception de la demande de secours, ainsi que celle de la remise du rapport de l'inspecteur.

Aucun indigent ne peut être secouru qu'en vertu d'une décision du comité, sauf les cas d'urgence prévus.

Les indigents étrangers à la ville, qui se trouvent sur le territoire de Bruxelles, sont secourus, en cas de nécessité, de la même manière que ceux qui y ont leur domicile de secours.

1. Ces renseignements sont extraits du règlement pour l'administration des secours à domicile à Bruxelles.

Ressources des comités de charité. — Les comités de charité emploient tous les moyens qu'ils jugent les plus propres à augmenter les ressources de la bienfaisance. Ils organisent des collectes, recueillent des souscriptions et placent des troncs dans les lieux publics.

Les collectes à domicile sont effectuées par les membres des comités de charité porteurs d'une carte d'identité, délivrée par l'Administration communale.

La répartition entre les comités des fonds ordinaires alloués pour secours à domicile est opérée par le Conseil général, d'après les besoins de chaque comité.

A la fin de chaque exercice, les ressources non employées des comités de charité sont versées dans la caisse de la bienfaisance.

Lorsque les comptes de la bienfaisance se clôturent par des excédents de recettes, le Conseil général, d'accord avec l'Administration communale, peut affecter l'encaisse des comités de charité à la constitution d'un fonds de réserve pour les années calamiteuses.

Secours médicaux. — Des salles de consultations pour les pauvres sont réservées dans les maisons de secours. Les médecins y donnent tous les jours, à huit heures et demie du matin, des consultations gratuites aux indigents admis aux secours médicaux.

Les malades qui sont dans l'impossibilité de se faire traiter au dispensaire de la maison de secours doivent l'indiquer dans leur demande. L'indigent a le choix entre l'un des trois médecins de la division. Les médecins des pauvres sont aussi chargés de vacciner gratuitement, à la maison de secours, toutes les personnes qui en font la demande.

Le médecin peut toujours appeler en consultation l'un de ses collègues de la division. Ces médecins, pris parmi les internes des hôpitaux, sont nommés et révoqués par le Conseil Général des hospices et secours, sous l'approbation du Conseil communal, pour un terme de trois ans (1). Ils reçoivent un traitement annuel de 1.200 francs. Ils doivent avoir leur résidence *réelle* dans la circonscription. Des médecins suppléants remplissent les fonctions de médecins des pauvres en l'absence des titulaires et jouissent, pendant la durée de l'intérim, en lieu et place de ceux-ci, du traitement attaché à ces fonctions.

Malgré les obligations auxquelles le médecin des pauvres est tenu (et dont la présence quotidienne le matin au local de la maison de secours n'est pas la moindre), ces fonctions sont très recherchées. Cela vient de ce qu'après les avoir exercées pendant trois ans, ces médecins peuvent prétendre à un poste d'aide-médecin ou

1. Pour la nomination des titulaires aux places de médecin des pauvres, la préférence est accordée aux candidats qui ont fait au moins deux années de stage en qualité d'aide dans les hôpitaux (Décision du Conseil général des hospices, 11 janvier 1895).

chirurgien rétribué d'un chef de clinique de l'un des hôpitaux de la ville.

Le lendemain de la visite médicale, l'inspecteur du Bureau de bienfaisance doit se rendre au domicile du malade pour savoir s'il n'a pas d'observations à formuler. L'accouchement des indigentes est pratiqué à domicile par des sages-femmes dont la durée du mandat (renouvelable) est fixée à 3 ans. La surveillance du service des accouchements à domicile est confiée aux médecins des pauvres qui peuvent être requis, à toute heure de jour et de nuit, par les sages-femmes pour les accouchements laborieux (1).

Les maisons de secours ne possédant pas de pharmacie, la délivrance des médicaments a lieu chaque jour, de huit heures du matin à quatre heures, dans les pharmacies des hospices et hôpitaux. Il s'ensuit que les pauvres ont deux courses à faire, l'une pour la consultation, l'autre pour l'exécution de l'ordonnance médicale.

Les ordonnances portant le mot *urgent* sont exécutées avant toutes les autres et à toute heure de jour ou de nuit.

Les locaux affectés dans les hospices et hôpitaux aux bains à délivrer aux indigents sont ou-

1. Les sages-femmes du Service de la bienfaisance ont pratiqué, pendant l'année 1895, 1722 accouchements qui ont donné 1.739 naissances. 4 femmes sont décédées. Il y a eu parmi les enfants 158 décès se répartissant comme suit : morts-nés 134, avant-terme (avortements) 22, convulsions, etc., 2. (Compte moral de l'Administration des hospices et secours de Bruxelles).

verts, tous les jours non fériés, de sept heures du matin à sept heures du soir ; les dimanches et jours fériés, de sept heures du matin à midi.

Hôpitaux. — L'hospitalisation des malades indigents est assurée officiellement par les hôpitaux dont les plus importants sont ceux de Saint-Pierre et de Saint-Jean. Le premier de ces hôpitaux, desservi par les sœurs hospitalières de Sainte-Elisabeth, comprend, outre les salles ordinaires de médecine et de chirurgie aux larges fenêtres, des quartiers séparés pour 1° les aliénés, 2° l'ophtalmologie, 3° les varioleux, 4° les fièvres éruptives, 5° les maladies des oreilles, 6° la clinique dentaire, 7° les cholériques.

Tous les malades capables de marcher se rendent au réfectoire de leur salle. Les tables y sont recouvertes de coquettes nappes blanches et bleues ; le régime alimentaire, très substantiel : bière, pommes de terres, viande (rosbeef, veau, ou bœuf bouilli).

Les salles, parquetées, cirées, cubent 1.200 mètres et contiennent 24 lits. Les malades jouissent de certaines tolérances : les femmes, par exemple, peuvent garder près d'elles des cages à oiseaux, des plantes, des bouquets. Cela enlève un peu à l'établissement de son caractère sévère. Les crachoirs, déposés de loin en loin dans les escaliers et les couloirs, sont emplis de fin sable blanc. Ils sont lavés, mais non désinfectés.

Aucun refus d'admission de malade n'est prononcé pour défaut de place.

Les salles d'opérations réalisent tous les progrès de la science moderne.

Les parents ou amis des malades sont admis à les visiter le dimanche, de 10 heures à 11 heures; le jeudi, de 2 heures à 3 heures.

Une salle d'opération est réservée spécialement au service de gynécologie.

La clinique ophtalmologique a trois salles pour les hommes, trois pour les femmes et une pour les enfants.

Des consultations gratuites pour les pauvres ont lieu tous les jours de 8 heures à 9 heures du matin.

Dans un laboratoire des mieux agencés, un personnel de chimistes et d'aides pharmaciens fabrique les médicaments et analyse toutes les denrées alimentaires avant leur emploi par les services.

Les indigents secourus par les comités de charité n'ont, s'ils sont reconnus malades par le docteur de service, qu'à produire leur carte pour être admis.

Aux domestiques des deux sexes, il suffit de présenter le livret de domestique.

En entrant à l'hôpital, les malades sont invités à consigner sur un registre réservé à cet usage leur religion et leur volonté de la pratiquer ou non. Toutes les semaines, les malades doivent apposer leur signature au bas de leur première déclaration, afin de marquer qu'ils n'ont rien à y changer ni aucun fait de pression religieuse à signaler.

Aucune réclamation n'est formulée à ce sujet.

L'Administration en conclut que la liberté de conscience est complètement assurée dans tous les établissements sous sa dépendance.

Le fait qu'aucune plainte n'a été enregistrée est-il bien convaincant? Qui veut trop prouver ne prouve rien, dit un proverbe. Ne faut-il pas voir plutôt, dans l'absence de réclamations, la crainte éprouvée par les malades de se désigner à la mauvaise humeur, facilement traduisible en actes dans un hôpital de quelques-uns des membres du personnel hospitalier?

Ce « registre de conscience » nous semble donc une garantie plus apparente que réelle, dans un établissement hospitalier où les soins sont donnés par un personnel religieux. Si des actes de pression se produisent, il est peu probable, pour les raisons précédemment énoncées, que ceux qui en sont les victimes les dénoncent par cette voie.

L'hôpital Saint-Pierre est l'une des plus vieilles fondations charitables de Bruxelles. Son existence remonte au milieu du XIIe siècle. Reconstruit entièrement en 1878, il abrite des services confortablement installés. Des quartiers, séparés par la médecine et la chirurgie, y sont réservés aux enfants. Les maladies de la peau et du larynx sont traitées dans des quartiers séparés.

Lait. — Le lait fourni par un adjudicataire tous les matins est soumis à l'analyse dès sa réception, puis stérilisé au bain-marie.

La protection de l'enfance. — L'Administration communale de Bruxelles n'a pas consenti de grands sacrifices jusqu'à ce jour pour la protection de l'enfance. Si elle accorde des subventions à quelques crèches, sous forme de subsides en argent ou d'exonération de loyers pour des locaux communaux dans lesquels sont installées ces œuvres, elle n'en a fondé aucune de ses deniers. Les secours d'allaitement n'y sont pas connus et aucun crédit n'est inscrit à titre de secours préventifs d'abandon.

L'Administration communale laisse au Conseil général des hospices et secours, que la loi charge de la gestion du bien des pauvres, le soin de pourvoir à tous les besoins de l'indigence. Malheureusement presque toutes les fondations charitables existantes ont une origine fort ancienne. Depuis lors, des besoins nouveaux d'assistance se sont révélés aux sociétés modernes. N'est-ce pas le rôle des administrations communales de les comprendre et d'y pourvoir?

Hospice des Enfants assistés. — L'Administration des hospices et secours possède, rue des Marais, un hospice des Enfants assistés, assez bien aménagé, qui reçoit les enfants trouvés, abandonnés, orphelins ou dont les parents sont momentanément en prison, dans un dépôt de mendicité ou à l'hôpital ; les enfants malades (jusqu'à l'âge de deux ans); les enfants qui réclament les soins d'une nourrice, etc.

Au 31 décembre 1895, 800 enfants, dont 399

garçons et 401 filles, étaient sous la tutelle de l'Administration. L'hospice n'est qu'une maison de passage. La durée du séjour a dépassé rarement deux mois. Les enfants sont placés en ville ou à la campagne chez des particuliers. Les nourriciers sont tenus de leur faire fréquenter l'école jusqu'à 14 ans.

Trois ou quatre fois par an, les inspecteurs du service visitent ces placements. Les comptes moraux de l'Administration des hospices signalent tous les ans des faits nombreux démontrant les liens d'affection qui s'établissent entre les nourriciers et les enfants qui leur sont confiés. Beaucoup de ces nourriciers promettent, par exemple, de tester en faveur de ces orphelins.

L'Administration s'efforce de tourner ses pupilles vers l'apprentissage des métiers plutôt que vers la culture de la terre, les salaires des ouvriers agricoles, principalement dans les Flandres, étant peu rémunérateurs. Ce fait explique l'émigration des paysans belges, à des époques fixes (au moment des moissons, par exemple), vers les pays voisins, la France entre autres, où ils vont offrir leurs bras.

L'établissement a trois divisions : garçons, filles et enfants au sein.

Le jour de leur arrivée, les enfants restent en observation dans une salle d'isolement.

Les dortoirs sont de 9 à 16 lits.

Le personnel de l'hospice est laïque.

Le médecin n'habite pas l'établissement ; il y vient seulement tous les matins.

En été, les enfants restent de préférence dans le jardin. Ils ont, pour l'hiver et les jours de mauvais temps, une salle de jeux très gaie où tous les jouets pouvant les amuser sont réunis.

Les salles, parquetées, sont bien aérées et d'une irréprochable propreté.

Les dortoirs des enfants âgés de plus de cinq ans ne sont pas chauffés.

Les infirmières sont recrutées autant que possible parmi les nourrices ayant séjourné quelques mois dans l'établissement. Elles sont instruites, par les médecins, du rôle qu'elles ont à remplir.

Dans une salle, au rez-de-chaussée de l'hospice, un dispensaire fonctionne tous les jours pour les enfants âgés de moins de 10 ans.

Un médecin et un chirurgien sont de service à ce dispensaire (1).

Une salle d'orthopédie, avec des appareils nombreux à l'usage des enfants de l'hospice et de ceux du dehors, est très fréquentée. Trois masseurs, sous la direction d'un chef de service, y prodiguent leurs soins et leur aide aux jeunes enfants auxquels un traitement orthopédique a été prescrit.

5.000 enfants, en chiffre rond, ont profité en 1897, durant une période de six mois (du 1er jan-

1. L'Administration prolonge les pensions de ses pupilles qui ont plus de 14 ans, lorsqu'il s'agit de leur faciliter l'apprentissage d'un métier. Pour certains cas, l'Administration fournit des outils aux enfants en âge d'apprendre un état.

vier au 15 juillet exactement), des facilités de traitement de ce gymnase orthopédique.

Une fois par mois le médecin de l'établissement visite les enfants et désigne ceux d'entre eux dont le rachitisme naissant réclame un traitement spécial. Ces enfants sont aussitôt envoyés au bord de la mer, à l'hospice Roger-de-Grimberghe, à Middelkerke, près d'Ostende.

L'installation générale ne laisse rien à désirer. Les salles de bains, très belles, méritent d'être signalées.

Secours contre l'incendie. — Les mesures prises par l'Administration pour parer aux dangers d'incendie sont simples et pratiques : dans chaque corridor, sous une boîte vitrée, des tuyaux en toile imperméable et avec lance sont ajustés au robinet, prêts à être mis en mouvement à tous moments. Il suffit pour tourner la clé de briser la glace. Des répétitions apprennent au personnel de service à manœuvrer ce matériel et permettent d'en vérifier le bon état.

⁂

Lors de notre visite, l'établissement n'avait pas encore de couveuses pour les enfants venus avant terme ou malingres. La couveuse étant remplacée par un berceau entouré d'une double paroi en tôle.

Le récipient intérieur est alimenté d'eau chaude qu'on renouvelle aussi souvent qu'il le faut. Il n'est pas nécessaire d'insister sur la primitivité de ce système, qui laisse à la merci d'une nourrice la surveillance d'un appareil au bon fonctionnement duquel est liée l'existence de petits êtres humains.

Sur les 1,088 enfants qui ont séjourné à l'hospice en 1895, 178 sont décédés ; ce qui donne une mortalité de 16 p. 0/0 sur le chiffre total des enfants.

Ces 178 décès sont survenus exclusivement parmi les enfants malades, les enfants non sevrés et les enfants envoyés en subsistance par les hôpitaux. L'état de santé de cette dernière classe d'enfants laisse toujours beaucoup à désirer au moment de leur entrée.

Les décès parmi les enfants envoyés par les hôpitaux se sont élevés à 28 p. 0/0.

Les enfants placés en ville et à la campagne jouissent en général d'une très bonne santé.

Les affections que les médecins rencontrent le plus souvent sont les bronchites et les entérites.

Il n'y a pas eu, en 1895, de décès parmi les 1.031 enfants placés.

En comprenant les décès survenus à l'hospice et dans les hôpitaux, la mortalité, en 1895, sur le nombre total des enfants placés sous la dépendance de l'Administration, a été de 0 397/1000 p. 0/0.

Nous ne pouvons que nous incliner devant l'éloquence de ces chiffres fournis par l'Administration des hospices de Bruxelles. Regrettons seulement qu'il n'en soit pas toujours ainsi. Dans un rapport présenté à la députation permanente du Brabant sur l'exercice 1895, M. le Commissaire de l'arrondissement de Bruxelles ne signalait-il pas « le fait que la mortalité est beaucoup plus grande parmi les nourrissons pris en pension, que parmi les enfants nés dans la commune? »

Elle est de plus du double, affirmaient les échevins de Ternath.

« Il y a telle femme qui, ajoutait le Commissaire, prend jusqu'à, dit-on, cinq ou six enfants en nourrice. Généralement, on ne nourrit que fort peu ou pas du tout ces petits êtres au moyen du biberon, parce que cela coûterait trop cher de leur donner du lait et que ce serait trop compliqué. On les nourrit de pommes de terre. Il est aisé de se faire une idée des effets d'une pareille nutrition. Un grand nombre succombent à des gastro-entérites » (1).

***

L'Administration des hospices et secours de Bruxelles n'a pas d'orphelinat pour garçons. Elle possède un hospice d'orphelines qui compte de 90 à 110 pensionnaires. Les jeunes filles sortant de l'établissement sont placées en condition.

Les jeunes filles qui ont dépassé l'âge d'admission à l'orphelinat ou dont l'état de santé exige

1. On trouvera en annexe le formulaire que doit remplir à chacune de ses visites l'inspecteur du Service des enfants abandonnés ou orphelins.

le placement à la campagne, sont confiées à des nourriciers.

Hospices et maisons de retraites. — Comme pour ses hôpitaux, Bruxelles vit, en tant qu'assistance des vieillards et des incurables, sur un vieux passé.

Pour obtenir l'admission dans les hospices d'incurables il faut être indigent, incurable et avoir son domicile de secours à Bruxelles.

Dans certains refuges de vieillards (celui de Sainte-Gertrude) il faut être veuf ou célibataire, indigent, avoir au moins 70 ans et habiter Bruxelles depuis quinze années. Les conditions sont plus douces dans d'autres hospices (comme aux Ursulines) où la preuve de l'indigence et 60 ans d'âge suffisent.

Deux maisons de retraites pour femmes, provenant de très anciennes fondations, ont des conditions particulières d'admission et ne s'adressent qu'à des catégories bien définies de pauvres. Ce sont : l'hospice de Pachéco, dont l'origine remonte aux premières années du XVIIIe siècle et les *Hospices réunis* ou des *Vingt-et-un* parce qu'il réunit vingt-et-une fondations. L'hospice Pachéco recueille les dames âgées de plus de cinquante ans, sans ressources, domiciliées à Bruxelles, d'antécédents irréprochables et qui ont occupé une bonne position dans le monde.

Chaque pensionnaire dispose d'une chambre coquette. Elle reçoit du combustible et 75 centimes pour sa nourriture qu'elle prépare elle-même.

Les femmes admises aux *Hospices réunis* appartiennent à des familles de bourgeois ou d'artisans devenues pauvres. De même qu'à l'hospice Pachéco, elles sont logées, éclairées, chauffées, mais elles doivent faire leur cuisine avec les 65 centimes qui leur sont remis par jour.

L'âge minimum d'entrée est 60 ans.

En géneral, et cette observation s'applique surtout aux hommes, les vieillards préfèrent au séjour à l'hospice la petite pension — variable suivant les cas — qu'allouent les maisons de secours. Ils ne sollicitent qu'à la dernière extrémité leur admission dans une maison de refuge.

Maternité. — La Maternité de l'assistance publique de Bruxelles contient une trentaine de lits. Elle ne reçoit que les femmes *habitant la ville*, les cas urgents exceptés. Les femmes enceintes étrangères à Bruxelles ne sont acceptées que si elles présentent une promesse écrite de la commune du domicile de secours de rembourser les frais de séjour.

A moins d'accident de grossesse, les femmes enceintes ne sont pas admises plusieurs jours avant l'accouchement.

Nulle enquête préalable n'est faite sur la situation de fortune des personnes qui demandent à entrer. S'il est établi postérieurement qu'elles ont des ressources suffisantes pour payer leurs dépenses d'hospitalisation, l'Administration les leur réclame au taux de 6 francs par jour, soit soixante francs pour le séjour d'une durée ordinaire.

Chaque accouchée est placée dans une chambre à deux grandes fenêtres, très aérée et éclairée. Une sonnette électrique est à la portée de la malade pour appeler jour et nuit le personnel de service.

Les chambres, étant séparées l'une de l'autre, dispensent de salles d'isolement. Elles sont chauffées par un feu de cheminée. Ce chauffage est critiquable, à cause du dégagement de fumée qu'il occasionne et de l'entretien qu'il exige.

Les accouchées quittent l'établissement le onzième jour de leur entrée, compté à partir de la délivrance.

La Maternité reçoit des pensionnaires payantes.

Le service d'accouchement est dirigé par un médecin qui n'habite pas l'établissement et que secondent un médecin-adjoint et une maîtresse sage-femme.

Au faubourg de Saint-Gilles, les femmes sont accouchées à domicile, aux frais de la commune.

Ecole de sages-femmes. — La Maternité a une école de sages-femmes avec élèves boursières et élèves payantes. Les boursières, qui doivent satisfaire à diverses conditions d'âge, de domicile, d'honorabilité, d'instruction, versent annuellement à titre de complément de pension une somme de 150 francs. Elles contractent l'engagement de s'établir pour cinq ans au moins, leurs études terminées et leur diplôme obtenu, dans une commune rurale du Brabant à la désignation de la Commission médicale provinciale, sauf à rembourser à la province, en cas d'inexécution de cette clause de leur contrat, la bourse dont elles ont bénéficié.

Les élèves payantes versent annuellement, à la caisse des hospices, 750 francs. Pendant la durée des études, qui est de deux années, les élèves sont logées et nourries à la Maternité.

Les élèves payantes ont la liberté d'exercer dans une résidence de leur choix après avoir satisfait aux examens de sortie de l'école.

Il y a sept bourses d'élèves sages-femmes.

CHAPITRE VII

HASSELT, GAND

Hasselt. — Le pauvre choisit son médecin et son pharmacien. — Jetons pour secours extraordinaires. — Mode de rémunération des médecins et sages-femmes. — Gand. — Revision fréquente de la liste des pauvres. — Objets de [illegible]rie donnés comme secours aux indigents. — Les bons po[illegible] coupons de chemins de fer et les ouvriers sans travail. — Condamnation du système de l'adjudication. — Un orphelinat dirigé militairement.

Hasselt. — Pour une population indigente de 400 familles environ, les comités de charité de cette ville (1) comprennent au total une soixantaine de membres appartenant à toutes les classes de la société — rentiers, ouvriers, prêtres, laboureurs, patrons, employés, professeurs, — et choisis, autant que possible, parmi ceux qui habitent dans les environs des quartiers occupés par la classe indigente. Les indigents de la banlieue ont leur visiteur habitant proche d'eux, dans le même hameau.

1. Hasselt est une ville de 14.000 habitants.

En règle générale, chaque visiteur n'a pas plus de six à sept ménages sous sa surveillance et son patronage. Ces comités se réunissent périodiquement. Leur fonctionnement est satisfaisant.

Depuis un certain temps, on leur a confié une partie du service des secours médicaux réorganisé sur des bases nouvelles.

Muni d'une feuille de visite délivrée par le visiteur de sa rue, l'indigent a le libre choix entre tous les médecins de la ville qui remplissent certaines conditions prescrites par le règlement.

Le médecin formule son ordonnance sur un imprimé revêtu du cachet du Bureau de bienfaisance, et l'indigent prend les médicaments chez un pharmacien de son choix.

Un système analogue fonctionne pour le *service obstétrical*. Les sages-femmes sont tenues de visiter les accouchées au moins trois fois. Elles consignent sur la feuille de visite les dates de leurs visites. Les sages-femmes peuvent toujours demander l'aide d'un médecin agréé dont le choix est laissé à la parturiente ou à sa famille.

La rétribution des médecins des pauvres, sujet de contestations fréquentes, de réclamations en beaucoup de villes, est, *en principe*, réglé de la façon suivante à Hasselt :

Le Bureau de bienfaisance fixe annuellement à fr. 2,550 au maximum les honoraires des médecins. Cette somme est payable et partagée par trimestre entre les médecins agréés au prorata des visites ou opérations faites dans le courant du trimestre, d'après le tarif suivant :

1° Visite de l'indigent au domicile du docteur ou visite de jour au domicile du malade. 1 point;

2° Visite de nuit au domicile du malade, (10 heures du soir à 7 heures du matin) . . 2 points;

3° Saignée ou pansement d'une plaie ou blessure, extraction d'une dent . . . 1 1/2 points;

4° Réduction de hernies avec application d'appareil. . . . . 5 points;

5° Réduction de fracture d'un membre avec application d'appareil. . . . . . 10 points;

6° Amputation d'un membre ou toute opération mettant la vie en danger :

Médecin traitant. . . . . 20 points;

Médecin aidant . . . . 10 points;

7° Consultation entre médecins agréés, chacun. . . . . 2 points;

8° Accouchements nécessitant l'emploi d'appareil ou version. . . . . 15 points;

9° Pour chaque visite à la campagne il est ajouté aux prix ci-dessus 1, 2, 3 ou 4 points, suivant que le malade habite à plus de 1, 2, 3 ou 4 kilomètres de l'enceinte de la ville (Boulevards),

Mais, on a renoncé à répartir entre les médecins le crédit annuel ouvert pour le Bureau de bienfaisance. D'un commun accord avec les médecins agréés, la valeur du point a été fixée à cinquante centimes.

L'organisation des secours médicaux à Hasselt se peut ainsi résumer : liberté pleine et entière pour l'indigent, suppression des médecins des pauvres et des officines « officielles ».

Expérimentée depuis peu de temps, cette organisation donne le meilleur espoir de réussite définitive.

Service des secours. — Les secours sont permanents, temporaires ou extraordinaires. Les listes de secours permanents, dressées par le Bureau de bienfaisance sont revisées deux fois par mois par les comités de charité. Les secours extraordinaires, sous forme de jetons valant un franc ou cinquante centimes, sont remis directement par le visiteur dans le ressort duquel habite l'indigent.

Les présidents des comités seuls peuvent délivrer aux indigents des bons de vêtements.

Les distributions extraordinaires de pain, de houille, etc., sont faites par les comités de charité.

Aucun secours ne peut être accordé avant une enquête préalable dont les résultats seront consignés sur une fiche; celles-ci sont transmises toutes les quinzaines au Bureau de bienfaisance.

Chaque famille est visitée au moins une fois par mois; ces visites se font toujours par deux visiteurs, qui, tour à tour, doivent changer périodiquement.

Certaines restrictions à l'allocation des secours sont à signaler.

Il est strictement défendu (art. 12 du règlement) d'accorder des secours à:

. . . .

Ceux, qui, sans cause plausible, s'abstiennent de travailler, notamment le lundi;

Ceux qui, sans motif légitime n'envoient pas

leurs enfants aux écoles ou dans les ateliers;

Ceux qui vivent notoirement en concubinage.

Gand. — *L'assistance publique communale.* — Les *maîtres des pauvres*, citoyens de bonne volonté, non rétribués, se partagent, au nombre de 150 environ, la tâche de recevoir les indigents et de s'occuper de leurs besoins (1).

Chaque maître des pauvres a la charge d'une quinzaine de ménages. C'est, le plus souvent, un citoyen disposant de tout son temps : un rentier presque toujours. Jamais cette fonction n'est confiée à un marchand en détail, à un petit commerçant, dont les intérêts risqueraient de se trouver à un moment donné en conflit avec ceux des pauvres. Ainsi, un propriétaire de maisons ouvrières ne sera pas maître des pauvres ; on craindrait qu'il ne lui vint à la pensée de retenir pour payer ses loyers, une partie des secours qu'il aurait à remettre à des indigents locataires de ses maisons. Il ne faut pas tenter le diable.

Dans son rapport annuel sur la situation administrative des arrondissements de Gand et d'Eecloo (2), le commissaire d'arrondissement s'élevait contre l'existence de distributeurs de secours, commerçants, boutiquiers qui ne remettaient les bons de secours que moyennant reprise

1. 30 pour cent des personnes recevant des secours de l'assistance publique à Gand ne sont pas originaires de cette ville.

2. Rapport du 8 avril 1897 à la Députation permanente du Conseil provincial de la Flandre Orientale.

du montant de ceux-ci, en marchandises, dans leurs magasins. On ne saurait donc prendre trop de précautions pour le recrutement des visiteurs des pauvres.

L'instruction de la demande de secours suit la filière ordinaire, mais un détail est à relater : L'individu qui désire obtenir un secours doit préalablement s'adresser au commissaire de police.

Ce fonctionnaire inscrit la demande, délivre à son auteur un bulletin que le maître des pauvres vise ensuite. Sur le vu de ce bulletin, l'employé du Bureau de bienfaisance se met en mouvement. Il fait une enquête personnelle, se renseigne auprès des commerçants ou des industriels chez lesquels travaillent les membres de la famille et formule ensuite ses propositions.

Les secours accordés en argent sont minimes; ils varient entre un minimum de 3 francs et un maximum de 9 francs par mois. Dans quelques cas, maladie, par exemple, des secours extraordinaires s'ajoutent, à titre de supplément, au secours ordinaire.

Les administrateurs du Bureau de bienfaisance de Gand attachent une très grande importance à la revision de la liste des pauvres. Aussi ce travail est-il fait très régulièrement. Pour le faciliter, un registre matricule, contenant le nom de tous les pauvres, est tenu au jour le jour ; les dossiers de ceux qui y sont inscrits forment un état exact de leur situation. Augmentation ou diminution des charges de famille, par suite de naissance, décès, ou autres causes, réduction ou élévation des gains journaliers, tous ces détails sont notés avec précision.

L'utilité de ces enquêtes fréquentes est établie par le nombre relativement considérable de mutations effectuées dans la population indigente du Bureau de bienfaisance de Gand.

Secours en nature. — Quand vient l'hiver les secours en nature sont accordés de préférence aux secours d'argent. Ces secours en nature sont extrêmement variés : pain, viande, saindoux, soupe, riz, charbon, pommes de terre, haricots, chemises, pantalons, camisoles, robes, souliers, casquettes, mouchoirs, bas, couvertures, draps, bandages herniaires, béquilles, lunettes, appareils orthopédiques, etc., etc.

Aucun de ces secours n'est touché chez les boutiquiers de la ville ; on les délivre tous dans des magasins, au nombre de trois, appartenant au Bureau de bienfaisance. Les objets de literie, en ces dernières années, ont donné lieu à des distributions fort importantes, motivées par une émigration exceptionnelle d'habitants des campagnes vers les cités industrielles comme Gand. Assez souvent les familles qui quittent un village pour la ville emportent avec elles, sur une charrette, leur mobilier, mais les unes n'ont qu'un lit sans matelas, d'autres n'ont pas même de lit.

La ville a commencé par donner des matelas à ces indigents. Mises à terre, les literies pourrissaient, après un court temps, faute d'air et de propreté.

Depuis deux ou trois ans, grâce à des subsides extraordinaires votés par le Conseil communal, le Bureau de bienfaisance remet *en prêt*, aux familles pauvres, des lits de fer très solides, garnis d'un sommier en fer galvanisé. Cette couchette, montable et démontable avec facilité, ne nécessite l'emploi d'aucun outil.

Le lit porte un écusson aux armes de Gand. Il demeure la propriété du Bureau de bienfaisance. Mais il est laissé aux indigents pendant toute la durée de leur séjour dans la ville.

L'hygiène, la morale et les finances du Bureau de bienfaisance gagnent ensemble à l'octroi de ces couchettes. La fâcheuse promiscuité des membres d'une famille : adultes, enfants des deux sexes, dans une même chambre, est, en effet, évitée et les objets de literie, matelas, couvertures, etc., se conservant mieux sur ces lits qu'à terre (1), il en résulte pour la ville une notable économie dans les dépenses de fournitures.

Le contrôle incessant qu'exercent les maîtres des pauvres et l'Administration sur la population indigente limite les dangers d'exploitation de la bienfaisance par des individus non méritants. Cela est incontestable, mais ce qui est possible à Gand et dans des villes de cette importance ou presque chaque famille habite une maisonnette distincte qu'on peut explorer du regard, rapidement, serait irréalisable à Paris, par exemple.

1. De 1891 à 1895 il a été remis, aux indigents de Gand, 3,236 literies, soit en moyenne 647 par année.

Ici, neuf fois sur dix, le visiteur n'a pour se rendre compte de la situation des indigents qu'il doit voir que le concierge de l'immeuble. Et l'on sait ce que valent des renseignements venant de cette source.

Assistance médicale. — Le service médical des indigents et des ouvriers traités à domicile est confié à onze médecins, dont chacun exerce dans une circonscription. Ces médecins traitent les malades à domicile toutes les fois qu'ils prévoient une guérison dans un délai très court. Si le mal ne paraît pas pouvoir être enrayé dans les cinq jours, l'envoi à l'hôpital est la règle.

Les formalités sont les mêmes pour l'obtention du secours médical que pour l'allocation des autres secours : inscription au commissariat de police, puis au Bureau de bienfaisance. Cependant, l'Administration se montre très large dans l'application du règlement et toute personne malade peut s'adresser au médecin du Bureau de bienfaisance, sans que celui-ci ait le droit de se retrancher derrière l'inobservation des formalités ordinaires pour refuser son concours.

Le médecin prie simplement le consultant de se mettre en règle avec le Bureau de bienfaisance dans les vingt-quatre heures.

Les médecins sont d'ailleurs invités à ne pas trop charger leurs ordonnances (1). C'est tout bé-

1. Le prix moyen des prescriptions médicales délivrées par les pharmaciens du Bureau de bienfaisance était de 0 fr. 15 en 1895.

néfice pour la caisse de l'assistance.... et pour les malades.

Trois officines municipales, dont le titulaire reçoit un traitement fixe, préparent les médicaments aux pauvres et les leur délivrent gratuitement.

∴

Le Bureau de bienfaisance a imaginé ce moyen d'arrêter le flot des ouvriers qui, venus des environs pour chercher du travail à Gand et n'en ayant pas trouvé, menacent d'alourdir le budget de l'assistance publique. Elle leur délivre des *bons* pour coupons de chemins de fer pour leur localité. Ces bons sont touchés mensuellement par l'Administration des chemins de fer à la Caisse du Bureau de bienfaisance.

Le système de l'adjudication et les fournitures du Bureau de bienfaisance. — La ville, dont l'administration est très démocratique, a dû renoncer à l'adjudication publique pour la fourniture des objets et aliments nécessaires à la consommation de ses pauvres ou de ses établissements hospitaliers. Cette détermination a été prise à la suite d'un procès intenté par la ville à un boulanger qui avait livré du pain d'une qualité si mauvaise qu'on dût le jeter aux bestiaux.

Les experts-boulangers qui furent commis, ne voulant pas faire mentir la morale du fabuliste, donnèrent raison à leur confrère contre la ville. Celle-ci jura qu'on ne l'y prendrait plus. Et elle achète ce dont elle a besoin : chaussures, vêtements, pommes de terre, charbon, pain, etc., par voie d'adjudication restreinte. Depuis qu'elle emploie ce système la ville paie 0 fr. 21 le kilog de pain de toute première qualité. Il lui coûtait auparavant 0 fr. 29.

Un résultat aussi sensible a été enregistré pour les matières servant à la fabrication des médicaments.

ENFANTS ASSISTÉS OU ABANDONNÉS. ORPHELINATS. — Peu favorable à l'internement des enfants orphelins ou moralement abandonnés dont elle est la tutrice, l'Administration préfère les confier à des fermiers ou à des artisans qui leur apprennent la culture de la terre ou un métier, après qu'ils ont cessé de fréquenter l'école.

L'Administration des hospices a, néanmoins, un vaste orphelinat à la porte de la ville, sur la lisière des champs. Orphelinat ou école régimentaire ? Le directeur, excellent homme, est un ancien officier, réformé à la suite d'un accident. Il a dirigé autrefois une école d'enfants de troupe et a mis à profit ses souvenirs d'alors pour organiser l'orphelinat. Tout y marche militairement, nous ne parlons pas au figuré. Les enfants y sont en tenue militaire, sortent en ville par bataillon, musique en tête, passent des « revues d'habillement » comme au régiment, tous les lundis.

Levés à 5 heures en été, à 5 h. 1/2 en hiver, ils sont à l'étude à 6 h. 1/2, font une heure d'exercices militaires avant déjeuner, une heure d'école de bataillon après-midi, une heure de gymnase avant le souper (1).

A ce régime sévère on n'amuse sans doute pas beaucoup les enfants, mais on les trempe fortement.

On comprend que les patrons les recherchent pour apprentis. Lorsqu'ils sortent de l'établissement, à 18 ans, les jeunes gens emportent un petit pécule qu'ils ont amassé en économisant sur le tiers de ce qu'ils gagnent et qu'on leur abandonne. Les deux autres tiers rentrent dans la caisse des hospices qui se récupère ainsi partiellement de ses dépenses d'entretien.

L'établissement est absolument gratuit pour les orphelins pauvres. Il admet des enfants payants. Le prix de revient par jour et par tête est de 1 fr. 10, habillement compris.

Les enfants sont séparés en trois catégories :

1° Section des grands (les travailleurs) ;

2° Section moyenne ;

3° Section maternelle (enfants au-dessous de huit ans). Cette section est placée sous la surveillance d'une dame. Les jeunes gens les plus studieux jouissent de bourses pour les écoles supérieures ou spéciales, les autres font, en ville, l'apprentissage d'un métier.

Tous commencent à travailler le fer ou le bois dans des ateliers de l'établissement.

Si la règle de la maison impose aux enfants un

1. La Cour dans laquelle ils évoluent a 6.000 mètres carrés ! Et les enfants sont au nombre de 240.

travail soutenu, le régime alimentaire leur permet de le supporter gaillardement.

Les salles d'études sont fort bien ventilées ; dans les dortoirs, les lits, au nombre de cent dix, sont espacés de deux mètres.

*
* *

A l'autre extrémité de Gand est situé l'orphelinat de filles. Il diffère du précédent en ce que les jeunes filles n'y apprennent point d'autre métier que celui de filles de service.

L'habitude du travail, de la discipline qu'elles ont contractée à l'orphelinat, l'habileté qu'elles y ont acquise dans les travaux du ménage les font rechercher pour les emplois de femmes de chambre, de cuisinières, de lingères. Le nombre des offres de place dépasse toujours celui des jeunes filles disponibles.

Vieillards et incurables. — Très riches, les hospices gantois suffisent à leurs propres besoins. Ils ne s'adressent pas au budget communal pour parfaire leurs dépenses comme il arrive à beaucoup d'autres villes de la Belgique. Les pauvres y sont admis, sans distinction de confession ni de nationalité, à partir de soixante-dix ans (hommes et femmes). Ils ne s'empressent pas trop d'en profiter. Une réaction contre l'hospitalisation se produit dans les milieux ouvriers. Le pauvre préfère de beaucoup toucher une faible somme du Bureau de bienfaisance — cinquante centimes par jour, — que d'être enfermé dans des établissements qui, reconnaissons-le, n'ont point la mine engageante.

Pour les incurables le Bureau de bienfaisance a passé des conventions spéciales avec des hospices privés, qui les gardent et les soignent moyennant le paiement d'un prix de journée de 0 fr. 92 par tête d'adulte, et 0 fr. 65 par enfant au-dessous de quatorze ans, entretien compris.

CHAPITRE VIII

ANVERS

Intelligente disposition des locaux du Bureau de bienfaisance. — Heureuses tentatives : le secours-prêt, les aliments-médicaments, comptabilité à l'américaine. — Habitations à bon marché ; conditions de leur location. — L'hôpital Stuivenberg : Chambres de claustration pour agités ; boîtes aux réclamations ; bains pour le public.

Anvers. — La première constatation qui s'impose, lorsqu'on visite le Bureau de bienfaisance d'Anvers et qu'on s'intéresse aux questions d'assistance, est l'heureuse disposition des locaux. Remarque qui semblerait puérile, dépourvue d'importance si elle n'était accompagnée des détails qui l'ont suggérée.

Les personnes qui sont au courant du fonctionnement de l'assistance publique parisienne connaissent le tableau pittoresque — nul n'y contredit, — mais lamentable, que présente la longue file des pauvres à la porte des bureaux de bienfaisance de quelques-uns des arrondissements, les allées et venues des indigents d'un local à un autre, au vu de tout le monde. Ceux qui sont accoutumés à vivre de la charité publique n'éprouvent aucune honte à s'offrir ainsi en spectacle. Les regards des curieux, des personnes que quelque affaire appelle à la mairie, ne les gêne pas. Mais, qu'on songe à l'ouvrier, à la mère de famille, au malheureux qui s'est résigné, la mort dans l'âme, à tendre la main, et qui n'échoue au Bureau de bienfaisance qu'après avoir vainement frappé à d'autres portes. Au contraire du pauvre professionnel qui étale sa misère avec complaisance, le vrai pauvre la dissimule. Imagine-t-on ce que souffre celui-ci de cette espèce d'exposition publique ?

Pourquoi forcer aussi le pauvre qui, accidentellement, réclame l'assistance du Bureau, en cas de maladie, par exemple, à se mêler à la foule grouillante et bigarrée des solliciteurs habituels ?

Ces différentes catégories de pauvres sont reçues, au Bureau de bienfaisance d'Anvers, dans des locaux distincts.

Grâce au nombre et à la disposition des salles, les pauvres qui vont dans l'une restent isolés de ceux de la salle voisine. Ils s'ignorent les uns les autres. Les indigents ne risquent pas de prendre le germe d'une maladie au contact d'un malheureux venu pour réclamer les soins du médecin. Malades et pauvres sont dans des salles d'attente séparées (1).

1. Au premier étage sont installés les bureaux du receveur et du contrôleur, ainsi que la salle de réunion des membres du Conseil d'administration.

Les égards qu'on a pour les pauvres honteux sont dignes d'être consignés dans ce rapport. De tous les pauvres, ceux-là ne sont-ils pas les plus intéressants : bourgeois déchus, honnêtes ouvriers accablés par le malheur, qu'un dernier reste de fierté empêche de frapper à la porte de l'assistance publique ou qui ne s'y adressent qu'en rougissant et se cachant?

A Anvers, ces pauvres honteux n'ont pas besoin de se mêler à la foule des quémandeurs ordinaires. Ils se présentent chez l'un des administrateurs ou au cabinet du secrétaire du Bureau et font l'exposé de leur situation. Un inspecteur rédige un rapport spécial qui ne traîne pas au milieu des dossiers des affaires courantes. La correspondance concernant les pauvres est traitée dans un bureau distinct des autres. Et les médicaments sont délivrés au pauvre honteux sans qu'il ait à craindre les regards indiscrets.

Il ne pose pas devant le guichet de la pharmacie comme les autres indigents.

Il est autorisé à pénétrer dans l'intérieur de la pharmacie et son ordonnance est exécutée sans délai.

Bureau de bienfaisance. — Un secrétaire général, un receveur (lequel, d'après la loi de vendémiaire an V, représente l'Administration en justice), un contrôleur, forment le cadre du personnel du Bureau de bienfaisance.

L'organisation extérieure ressemble à celle de Bruxelles et plus encore à celle de Gand. La ville est divisée en dix sections avec, pour chacune d'elles, un comité de charité dont les membres sont nommés par le Bureau de bienfaisance et remplissent leurs fonctions gratuitement.

Chaque comité doit comprendre deux ouvriers. Un inspecteur salarié est attaché à chacun de ces comités.

Les demandes de secours lui sont adressées. Il les instruit, se renseigne sur l'état civil, la situation de famille, la moralité des solliciteurs.

Après lui, le membre visiteur procède à une enquête personnelle, complément et vérification de la première.

Les secours, dont la valeur moyenne est de 4 à 5 francs par semaine, sont délivrés moitié en argent, moitié en nature.

Les secours en argent sont toujours portés à domicile par l'inspecteur du Bureau de bienfaisance qui constate ainsi si la situation de l'indigent s'est ou non améliorée et quelle mesure nouvelle elle réclame.

Une femme reçoit-elle un secours parce qu'elle a été abandonnée sans ressources par son mari? L'agent du Bureau de bienfaisance observe si le mari a reintégré le domicile conjugal... ou s'il a été remplacé.

Le comité de charité se réunit une fois par semaine.

Des *secours permanents* sont accordés aux chroniques, aux vieillards, aux infirmes.

Un dossier, renfermé dans une solide chemise cartonnée, contient tous les renseignements concernant le pauvre : demandes successives, fiches de renseignements, antécédents, secours alloués.

L'administration peut, par ce moyen, être promptement documentée sur la situation de tel ou tel de ses pauvres.

Le Bureau de bienfaisance n'a pas de règle fixe à l'égard des étrangers. Il les secourt quelquefois, mais le plus souvent ils sont envoyés au consul de leur pays ou à l'une des sociétés privées d'Anvers qui distribuent des secours sans distinction de nationalité.

Mode de distribution des secours en nature. — Le mode de distribution des secours en nature est le suivant :

Le pauvre reçoit une somme *X* par semaine, en bons de vingt-cinq centimes, avec lesquels il choisit au magasin du Bureau de bienfaisance les denrées qui lui plaisent et dont il a besoin : riz, pain, etc.

La viande prescrite par les médecins, au même titre qu'un médicament (n'est-ce pas pour les pauvres gens, dans la plupart des cas, la médication souveraine?), est prise par les pauvres dans l'une des dix ou douze boucheries agréées par l'Administration.

L'exercice du droit qu'a le pauvre d'aller, à son gré, chez l'un ou l'autre de ces commerçants, crée, en quelque sorte, un contrôle journalier de ceux-ci par les intéressés eux-mêmes qui n'accordent évidemment leur préférence qu'à bon escient. Ajoutons qu'aucun nom ne figurant sur le bon qu'il reçoit en paiement, le boucher ignore l'identité du pauvre qu'il a servi.

Ce système de bons fonctionne pareillement pour les secours de vêture.

Muni d'un bon représentant la valeur des effets d'habillement qui lui sont nécessaires, l'indigent va chez le marchand et achète de l'étoffe en pièce ou le vêtement tout façonné.

Dix cordonniers de la Ville sont à la disposition des pauvres et leur fabriquent des chaussures *sur mesure*. Mais la livraison en est faite au siège du Bureau de bienfaisance, où la réception définitive n'est prononcée qu'après examen.

Conditions d'allocation des secours. — Une des préoccupations dominantes des administrateurs anversois est d'inculquer aux pauvres le goût de la propreté, de l'hygiène. Cette préoccupation joue un rôle au moment de l'allocation des secours.

La propreté, la bonne tenue des vêtements et des habitations sont la première condition imposée aux solliciteurs du Bureau de bienfaisance.

Secours en argent. — Le contrôle du paiement des secours aux indigents s'exerce assez ingénieusement et sans de multiples vérifications.

Le pauvre qui a droit au secours permanent est porteur d'une carte ou « billet de rente », du modèle ci-contre :

1898 BUREAU DE BIENFAISANCE. — ANVERS 1898

Numéro matricule : .... Nom ....
Secours alloué : ....
....
....

4-17 Janvier	18-31 Janvier	Contrôle	1-14 Février	15-28 Février	Contrôle
1-14 Mars	15-28 Mars		29 Mars 11 Avril	12-25 Avril	
26 Avril 9 Mai	10-23 Mai		24 Mai 6 Juin	7-20 Juin	
21 Juin 4 Juillet	5-18 Juillet		19 Juillet 1er août	2-15 Août	
16-29 Août	30 Août 12 Sept.		13-26 Sept.	27 Sept. 10 Octobre	
11-24 Octobre	25 Octobre 7 Nov.		8-21 Nov.	22 Nov. 5 Déc.	
6-19 Décemb.	20 Déc. 2 Janvier				

Tout secours payé est indiqué par un timbre.

Sans cette carte, aucun secours n'est accordé.

Celui qui perd sa carte ne peut en recevoir une autre dans le courant de l'année.

Chaque fois que l'inspecteur du Bureau de bienfaisance verse le secours réglementaire, il annule la case correspondante, en présence de l'intéressé ; du même coup, la preuve que celui-ci a touché se trouve matériellement établie (1).

Tous les mois les visiteurs des pauvres s'assurent que les paiements ont été effectués. De son côté, le *contrôleur* du Bureau de bienfaisance se rend, au hasard, chez les pauvres pour vérifier s'ils ont réellement touché, et s'il n'y a pas eu vol ou substitution de cartes de secours.

⁂

Dames administratrices. — L'accession des femmes aux fonctions d'administratrice du Bureau de bienfaisance d'Anvers est un fait relativement nouveau. C'est, en effet, à la fin du mois de juillet 1897 qu'ayant à procéder au remplacement d'un de ses membres, le Bureau de bienfaisance a désigné une femme fort connue et universellement respectée dans cette ville pour le dévouement qu'elle apporte aux œuvres sociales et philanthropiques, Mme Léonie Osterrith, présidente de la Bourse de travail pour femmes ; c'était la première fois qu'une femme était appelée à ces fonctions.

Secours-prêts. — Le Bureau de bienfaisance d'Anvers secourt ses pauvres sous toutes les formes connues : distribution d'argent, de vête-

1. Le contrôleur du Bureau de bienfaisance tient une comptabilité très simple, à l'américaine. Les secrétaires-trésoriers de nos bureaux auraient intérêt à s'en inspirer.

ments, d'aliments, etc. Deux de ses moyens de secourir les malheureux méritent de fixer l'attention : ce sont les prêts d'argent et les locations de logements à bon marché.

Le *prêt* pratiqué à la façon des administrateurs du Bureau de bienfaisance d'Anvers est un agent puissant de relèvement de certains pauvres. Voici un ouvrier. Le métier qu'il exerce lui permet de travailler à son compte, chez lui : c'est un cordonnier. Gêné momentanément, il n'a pas de quoi acheter les premières fournitures de cuir nécessaires pour entreprendre un travail. Le Bureau de bienfaisance lui verse la somme dont il a besoin, mais, soucieuse de n'être pas trompée et de ne pas voir employer cet argent à un autre usage que celui auquel il est destiné, l'administration surveille les achats. Ils se font en présence de l'inspecteur du Bureau de bienfaisance.

Nous avons vu un homme d'une quarantaine d'années qui, las de chercher du travail et de n'en pas trouver, avait sollicité du Bureau de bienfaisance une petite somme d'argent pour s'établir marchand de journaux, plus exactement pour devenir camelot. Petit à petit, il a remboursé la première avance qui lui avait été faite et, ses affaires prospérant, il a cessé de courir les rues, un paquet de journaux sur les bras et criant à tue-tête. Il a voulu s'installer en échoppe. De nouveau il s'est adressé au Bureau de bienfaisance qui lui a acheté le modeste matériel qu'il rêvait. Ce brave homme gagne aujourd'hui très convenablement sa vie. Il a remboursé ce qu'il devait au Bureau de bienfaisance. Le voilà reclassé.

Un autre exemple aussi frappant est celui d'une bonne femme à laquelle le Bureau a consenti un petit prêt afin de se procurer quelques articles de mercerie et de lingerie qu'elle vendait *au panier*. Elle a substitué successivement, à cette boutique ambulante, une voiture à bras, puis une vraie boutique dans une des rues de la ville.

∴

En recevant le prêt du Bureau de bienfaisance, le pauvre signe une reconnaissance de la somme avancée.

Le remboursement s'opère par versements échelonnés ou par versement unique.

Les résultats de ce mode d'assistance sont concluants. Rien ne contribue plus sûrement au relèvement des malheureux.

Maisons ouvrières. — Dans toutes les villes populeuses, à vie active, l'une des charges les plus lourdes d'un budget ouvrier, c'est le loyer. Crier contre la rapacité des propriétaires, leur donner des noms d'oiseaux, sans s'inquiéter des dépenses qui leur incombent et de ce que rapportent les immeubles, tous frais déduits, ne conduit pas à des résultats tangibles. Le prix de location des logements n'en diminue pas d'un centime.

Chercher à réduire au strict minimum cette

dépense pour les familles pauvres est un but qui apparaît utile à beaucoup d'esprits que les réformes dans la lune ne séduisent pas.

Vers ce but, le Bureau de bienfaisance d'Anvers y tend. Il a construit dans deux quartiers de la ville huit cents maisons ouvrières simples, de bonne apparence, point tristes.

En beaucoup de villes, les habitations construites spécialement pour les ouvriers ont le défaut d'être laides. De même que presque partout, on habille les orphelins de vêtements aux couleurs sombres, comme si la destinée de ces malheureux n'était pas suffisamment morne, de même, les entrepreneurs de maisons à bon marché ont la fâcheuse habitude de leur donner une façade maussade, désagréable à l'œil, qui éloigne au lieu d'attirer. A Paris, les maisons de la rue des Immeubles-Industriels, au faubourg Saint-Antoine, aux trois quarts vides, sont un type achevé de la maison-caserne, capable d'implorer bien plus l'horreur que le goût des habitations ouvrières. Les maisons d'Anvers ont un tout autre aspect.

Elles sont à un étage et forment ordinairement deux logements. Le rez-de-chaussée avec deux pièces et une cave est loué, en moyenne, 5 francs par semaine. Le premier étage, qui a deux pièces et une mansarde, se loue 3 francs. Les loyers sont payés hebdomadairement. Les maisons bourgeoises se louent au mois. Leur prix moyen de location mensuelle est de 30 francs.

Les seuils sont en pierre de taille; des lignes de briques bleues encadrent les portes et les fenêtres. Les cours intérieures ont une profondeur de dix mètres.

Les rues qui desservent ces constructions aboutissent à des voies fréquentées qu'habitent des personnes de toutes les conditions : artisans, bourgeois, commerçants. Les boutiques en sont occupées par de petits industriels, des commerçants.

A quelles conditions sont louées ces maisons? Le Bureau de bienfaisance exige que les ouvriers qui désirent les habiter aient une conduite honnête et réglée. Pour s'éclairer sur ce point, l'Administration de l'assistance publique procède, avant tout acte d'engagement, à une enquête sur les futurs locataires.

Le locataire s'engage à habiter proprement sa maison, à l'entretenir avec soin. Il supporte les frais de réparations occasionnées par sa faute ou sa négligence ; il ne peut sous-louer. Afin de se couvrir des dépenses qu'elle pourrait avoir à faire pour l'exécution d'office de travaux à la charge du locataire, l'Administration oblige celui-ci à lui verser une caution de cent francs, en une fois ou par paiements partiels. Elle se contente, le plus souvent, d'un premier versement de vingt-cinq francs ou du dépôt, en garantie, d'une obligation de la ville d'Anvers.

Cette condition du versement n'éloigne-t-elle pas des maisons ouvrières bon nombre de ceux auxquels elles sont destinées? Les membres du Bureau de bienfaisance d'Anvers répondent à cette objection :

« L'application du principe de la caution a « prouvé que la pratique en est salutaire sous tous « les rapports ; elle permet de réduire le prix des « loyers, parce qu'elle en assure le paiement « exact et qu'elle garantit le propriétaire contre « la négligence des locataires et les détériora- « tions de l'immeuble. Elle garantit la rentrée « des loyers dans les temps de calamités publi- « ques, où une administration de bienfaisance a « besoin plus que jamais de ses revenus. Elle « habitue les locataires à posséder autre chose « que les meubles d'usage. Elle leur apprend l'é- « pargne, lorsqu'elle se fait par versements suc- « cessifs, et leur fournit une somme qu'ils sont « contents de retrouver lorsque des malheurs « imprévus ou toute autre cause les force à quit- « ter la cité ouvrière. »

⁂

Afin d'encourager les locataires de ces habitations à les tenir en bon état d'entretien, à y observer les lois de l'hygiène, des récompenses sont accordées aux ménages qui se signalent pour les soins de cette nature (1).

Secours médicaux.— Vingt médecins, au traitement de 1.500 francs l'an, assurent le service médical des pauvres dans cinq dispensaires, de 8 à 10 heures du matin, tous les jours.

1. Nous reproduisons en annexe, à titre de document, le projet de contrat de location des habitations ouvrières de la commune de Nivelles.

La *première visite* est accordée, sans formalité d'enquête sur l'état de pauvreté, à quiconque la demande au Bureau de bienfaisance.

Un bulletin pour une consultation est aussitôt délivré. Mais le jour même l'Administration se livre à une enquête et elle délivre, s'il y a lieu, un livret à souche valable trois mois, sur lequel le docteur rédige ses ordonnances.

Quel que soit le quartier auquel il appartient le pauvre s'adresse à celui qui a ses préférences parmi les vingt médecins du Bureau de bienfaisance. Il peut même choisir la méthode médicale à sa convenance : allopathique ou homeopathique, deux médecins homeopathes étant agréés par l'Administration.

Les médicaments sont délivrés à la pharmacie du dispensaire dans la matinée. La nuit, la pharmacie centrale exécute les ordonnances, concurremment avec quelques pharmaciens de la Ville qui ont traité avec celle-ci.

Des consultations au dispensaire sont également données trois fois la semaine par le médecin homeopathe.

Assistance des femmes en couches. — Sur le billet qui donne droit à l'assistance d'une sage-femme, sont indiqués les noms et adresses de toutes les sages-femmes du Bureau. La femme enceinte désigne qui lui convient. L'Administration paie aux sages-femmes leurs honoraires quand rentre ce billet. L'accouchement est payé 5 francs. Pendant les huit jours qui suivent la délivrance, la sage-femme est tenue de visiter la malade.

La sage-femme peut requérir l'aide d'un médecin.

Secours publics. — L'organisation d'un service de secours aux blessés ou malades sur la voie publique est inconnue à Anvers. Lorsqu'un accident se produit dans la rue, le premier passant venu téléphone au bureau de police qui détache un de ses agents pour transporter en voiture le malade à l'hôpital ou chez lui.

Service d'inhumations. — La ville est maîtresse du service des inhumations. Elle dispose de quatre corbillards et fabrique les cercueils pour les pauvres qu'elle enterre gratuitement.

Hôpital Stuivenberg. — Edifié il y a dix ans, l'hôpital Stuivenberg, qui dépend de l'Administration des hospices civils d'Anvers, a des places pour cinq cents malades. Ces derniers sont répartis entre des pavillons-rotondes ayant deux salles de 26 lits, au premier étage et au rez-de-chaussée.

Au centre de ces salles circulaires est le cabinet de surveillance de la sœur. Ces divers locaux sont éclairés autant qu'on le peut souhaiter au moyen d'immenses baies vitrées qui les emplissent de la gaîté du jour.

De grandes galeries également vitrées mettent en communication tous les corps de bâtiment si bien qu'on fait le tour de l'établissement sans aller dehors.

Les cours et jardins occupent une grande étendue. Dans les couloirs, de distance en distance, sont accrochées des boîtes à lettres avec cette inscription : « *Réclamations au Conseil d'administration* ».

Ce moyen de permettre aux malades de formuler leurs observations nous paraît de nature à être recommandé. La plainte, en ce cas, n'est pas confiée à une autorité à la fois juge et partie, qui a intérêt à croire que tout marche bien dans l'établissement et qui peut exercer des représailles contre le plaignant. Le malade en saisissant directement le Conseil d'administration peut compter sur un examen attentif et impartial de sa plainte : il sait qu'elle n'aura pas de conséquences vexatoires pour lui.

*
* *

Dans les salles, des armoires fixées au mur contiennent un matériel de secours contre l'incendie, prêt à fonctionner à la première alarme. La tuyauterie est adaptée à la conduite d'eau. Il suffit pour la mettre en charge de tourner la clé du robinet. La porte de cette armoire s'ouvre et se ferme au moyen d'un crochet.

Transport des ordures et du linge sale. — Les ordures balayées et le linge sale sont envoyés directement du palier de chaque étage à la cave par un monte-charge.

*
* *

Des chambres capitonnées, faciles à surveiller, sont réservées pour les agités ou les fous, en attendant leur transfert à l'asile.

Les contagieux sont placés dans des salles isolées. Il en est de même pour les malades que la nature de leur affection ou leur caractère rend insupportables aux autres malades.

Attenante à la morgue, dallée en marbre, est une salle d'exposition des cadavres où les parents ont le droit de faire procéder à une cérémonie religieuse avant l'inhumation.

Bains. — Le service des bains est ouvert au public tous les jours, de 7 à 11 h. 1/2 du matin et de 1 heure à 6 heures 1/2 du soir. Les dimanches et jours fériés, l'établissement est fermé à midi.

L'an dernier, il a été fourni :

354 bains ordinaires, douches froides et chaudes à	fr. 0 75
198 bains anti-galeux avec friction et désinfection des vêtements à . . .	fr. 4 20
43 bains de vapeur à	fr. 2 »
507 bains composés à	fr. 1 »

Ces prix s'entendent y compris le linge et le service.

Les cabines pour les bains publics touchent celles des malades de l'hôpital. Il est à présumer que ce voisinage ne serait guère goûté de la population parisienne, et que ce service de bains payants dans un hôpital, n'aurait aucun succès.

L'hôpital Stuivenberg dispose pour la désinfection et l'épuration des linges, vêtements, literies etc., d'une étuve à vapeur sous pression et d'une soufrière employées l'une et l'autre, suivant la nature des objets à désinfecter.

Ces appareils fonctionnent également pour le public moyennant une légère rétribution.

Un appareil pour incinérer les rebuts provenant des salles de malades et des objets de pansement, complète ce service.

L'établissement, dirigé par un personnel laïque, emploie des religieuses pour surveillantes.

Les enfants, même en bas âge, sont soignés à l'hôpital.

Le prix de la journée d'entretien pour 1895, était de 2 fr. 59.

Les malades payant 5 fr. par jour sont dans des chambres très confortablement meublées.

Un ascenseur hydraulique permet aux malades de monter et de descendre sans fatigue.

Il sert aussi à porter les morts au sous-sol, d'où ils voyagent ensuite en souterrain jusqu'à la morgue sans que leur vue ait pu impressionner un instant les malades.

Trois fois par semaine des consultations gratuites sont données aux malades qui ont déjà fait un séjour à l'hôpital.

⁂

Anvers possède, outre l'hôpital Stuivenberg et l'asile d'aliénés deux autres hôpitaux, ceux de Sainte-Elisabeth et de Saint-Julien. Ce dernier donne l'hospitalité aux voyageurs pauvres, qui y sont tous admis gratuitement s'ils ont leurs papiers en règle.

On y recueille également des individus momentanément sans asile ; il sert encore de séjour provisoire aux pensionnaires de l'Administration, en attendant qu'il soit pourvu à leur placement définitif.

Orphelinat de filles. — L'orphelinat des filles dont la construction remonte à quinze ans est un bel établissement des mieux aménagés. Tout y est vaste : les classes, les dortoirs, les galeries qui courent autour des pavillons et les relient (1). Il contient 284 lits et 10 berceaux.

Jusqu'à sept ans, garçons et filles ont une vie commune. Ils prennent leurs repas ensemble et couchent dans le même dortoir.

Les uns et les autres fréquentent, dès l'âge de trois ans, le jardin d'enfants (école gardienne).

A sept ans, les garçons sont envoyés à l'orphelinat de garçons.

Les orphelines de 6 à 14 ans vont à l'école communale du quartier. Ces enfants ont une heure d'études le matin, une demi-heure de lecture et de calcul le soir et une heure de leçon de couture.

Les grandes — celles de plus de 14 ans — suivent trois fois par semaine, pendant deux heures, les cours d'adultes donnés à l'école communale

1. Les salles ont 7 et 8 mètres de hauteur !

du voisinage. Les autres jours, un cours de français est fait dans l'établissement. Dans la journée les orphelines de 14 à 20 ans sont initiées aux travaux domestiques : couture, lavage, service de table, soins des petits enfants.

En sortant de l'orphelinat elles sont à même de gagner leur vie avec des travaux d'aiguille. On a renoncé à l'apprentissage en ville à cause des difficultés de surveillance. Les orphelines possèdent toutes un livret de caisse d'épargne. Celles qui sont en service apportent mensuellement le tiers de leurs gages. On le verse en leur nom à la caisse d'épargne. A moins de contracter mariage, elles ne disposent de ces fonds qu'à vingt-cinq ans.

Un cours professionnel et un cours de coupe pratique sont faits. Les enfants sont exercés à confectionner leurs robes et leurs manteaux.

Un cours de cuisine pratique a lieu le dimanche.

L'établissement place ses pensionnaires vers 18 ans, afin de pouvoir les surveiller encore trois ans. Elles entrent, en grand nombre, dans les familles en qualité de servantes. La minorité trouve à s'employer dans le commerce, comme demoiselles de magasin ou deviennent institutrices.

L'Administration des hospices, tutrice de ces enfants, ne les rend pas sans difficultés aux parents survivants qui les réclament et dont la moralité est douteuse.

L'Administration plaide parfois pour faire valoir devant les tribunaux les raisons qui justifient le séjour de la jeune fille à l'orphelinat.

Les enfants légitimes ou illégitimes sont admis à l'orphelinat depuis le 15e jour de la naissance jusqu'à 20 ans.

Un médecin vient deux fois par semaine. A la plus légère indisposition les enfants passent à l'infirmerie.

Malades, ils sont soignés à l'hôpital communal.

La salle de bains présente un alignement de 16 cabines spacieuses.

*
* *

Les enfants ont le matin : du lait coupé et des tartines.

Les plus faibles reprennent à 10 heures du lait, des tartines et des œufs.

Le repas de midi se compose de soupe, de pommes de terre avec de la viande, quatre fois par semaine ; du poisson et des légumes les autres jours.

A quatre heures : bière et tartines.

Le soir, légumes, pommes de terre, tartines.

Les salles de jeu ne manquent pas à l'orphelinat et les récréations sont nombreuses.

L'établissement est entretenu dans toutes ses parties avec un soin digne d'éloges.

Le prix de revient de la journée est de 0 fr. 98.

Orphelinat de garçons. — Les mêmes principes qui ont présidé à l'organisation de l'orphelinat des filles sont observés pour les garçons. Instruits aux écoles communales, ils suivent, selon leurs aptitudes spéciales, les cours de l'école des pupilles, du collège, de l'Athénée, de l'Académie de dessin, ou sont placés en ville chez des particuliers qui leur enseignent une profession. Ils s'y rendent seuls, sans surveillant.

La liberté dont ils jouissent n'a jamais entraîné de fâcheuses conséquences. A peine cite-t-on un ou deux exemples d'enfants qui en ont profité pour s'échapper.

La direction a une punition toute prête pour ceux qui seraient tentés de commettre quelque grave infraction; la peur de cette punition est salutaire : c'est l'envoi en placement à la campagne !

Il y a, dans l'établissement, un atelier de cordonnerie et un atelier de tailleurs où les enfants apprennent à réparer leurs chaussures et leurs vêtements.

En hiver, les enfants prennent un bain chaque semaine.

En été ils ont le bassin de natation.

La population moyenne de l'orphelinat est de 309 élèves.

Les jeunes gens ont été autorisés à se former par groupes (sociétés) régis par des règlements qu'ils arrêtent eux-mêmes, mais qui doivent être soumis au visa du Directeur.

Ils s'occupent de théâtre et ont à leur disposition un billard, des jeux de quilles, de tonneaux, de dominos, etc.

Ces genres de récréation sont très goûtés des élèves.

Le coût de la journée d'entretien a été, l'an dernier, de 1 fr. 13 et une fraction.

Les mesures de défense contre l'incendie sont les suivantes : un escalier de dégagement, des bouches d'eau dans les jardins et une tuyauterie complète. La visite des bouches d'eau est faite une fois chaque mois par les pompiers de la ville.

Incurables, vieillards. — Les indigents, entièrement invalides, sont placés dans des établissements privés tels que ceux des Frères de la charité, des Petites Sœurs des pauvres, de la Charité chrétienne, des Sœurs de charité d'Anvers, des Sœurs de l'enfance de Jésus à Zwyndrecht, ou dans les refuges établis à Cappellen, Nylen et Wieke-Vorst.

Le coût d'une journée d'entretien est en moyenne de 0 fr. 64 et une fraction.

L'Administration des hospices civils place les vieillards qui refusent d'entrer à l'hospice ou qui sont malades, soit en ville, soit à la campagne chez des particuliers, voire dans leur famille à leur demande.

Le coût moyen pour cette catégorie d'hospitalisés est de 0 fr. 63.

Aliénés. — L'Administration fournit du travail aux pensionnaires de l'hospice d'aliénés qui connaissent un métier : vannerie, cannage de chaises, tresse de rotins, cordonnerie, peinture en bâtiment, ouvrages domestiques, ravaudage de bas, etc. Elle prélève annuellement, à titre de recettes ordinaires de l'établissement, une somme fixe de 2,000 fr. sur le produit du travail des aliénés. Le restant des bénéfices est acquis à la caisse de secours et de récréation.

Celle-ci sert à subsidier les sortants et à adoucir le sort des malheureux pendant leur séjour à l'asile.

CHAPITRE IX

PAYS-BAS

Principes généraux. — La législation hollandaise. — De la Révolution française à nos jours. — L'assistance abandonnée aux églises et aux institutions privées. — Dans quels cas interviennent les communes. — Les inconvénients de cette organisation. — Les réformes réclamées. — Le projet de loi préparé par la commission de la *Société d'utilité publique* d'Amsterdam.

En matière d'assistance, les Pays-Bas professent la doctrine du « Laissez-faire, laissez-passer » ..... Laissez passer les pauvres, laissez faire les cœurs charitables ou mieux, les églises. Les communes n'interviennent pour secourir un citoyen qu'au dernier moment, lorsqu'aucune des sociétés de bienfaisance privées n'a voulu lui venir en aide, c'est-à-dire en cas de nécessité absolue... Sous cette forme le secours apporté n'est plus un acte d'assistance, mais un acte de police.

Avant d'entrer dans l'examen détaillé de la loi en vigueur, une incursion dans le passé ne sera pas dépourvue d'intérêt.

La prépondérance de l'élément privé dans le

domaine de la philanthropie est, aux Pays-Bas, fort ancienne. Elle parut suffisante dès le XVe siècle pour justifier une série de décrets et d'ordonnances destinés à régler ses effets. L'institution d'une église officielle augmenta la force des œuvres charitables en les centralisant sous la bannière des Réformistes. Les *diaconies*, datent de cette époque. Nous en rappellerons la définition, d'après un auteur néerlandais :

« L'emploi des diacres est de rassembler les « aumônes, d'administrer les fonds des pauvres, « de distribuer les dons aux indigents, de visiter les « opprimés, de les consoler, de veiller sur le bon « emploi des aumônes allouées et de combattre « les abus. »

Déjà, en ces temps éloignés, l'assistance publique se dérobait à sa mission ; elle en laissait la charge entière à l'Église. Les villes se contentaient de pourchasser les mendiants et les vagabonds. Elles faisaient de la répression, non de l'assistance.

Les idées nouvelles que le coup de vent de la Révolution Française porta en Hollande modifièrent, jusqu'à les troubler profondément, les habitudes de ce pays pour tout ce qui touchait à l'assistance des pauvres. L'Etat qui, avant 1789-1795 se tenait à l'écart, manifestant son existence seulement lorsqu'il s'agissait de protéger la société contre les conséquences dangereuses du paupérisme, voulut tout à coup se substituer aux institutions de bienfaisance, embrasser les organisations existantes...

Le « Staahregeling » de la République batave (27 mars 1790) posait ce principe :

La société, ayant pour but le bien-être de tous ses membres, donne du travail à ceux qui sont capables de travailler, des secours à ceux qui ne peuvent travailler.

Ceux qui ne veulent pas travailler n'ont aucun droit à un secours quelconque. La société exige la répression de la mendicité.

La tentative faite, au moment de l'occupation française, pour appliquer ces principes n'eut pas un succès très vif.

Les choses ne tardèrent pas à reprendre leur ancien cours : la charité diaconale revint à sa place — la première — dans l'administration des secours aux pauvres. Il en fut ainsi durant la première moitié du XIXe siècle. Les églises, souvent subventionnées par l'autorité civile, assuraient l'exercice de la charité. Elles s'en acquittaient tant bien que mal, plutôt mal que bien si l'on en juge par le mouvement d'opinion qui se manifesta de 1845 à 1851, en faveur de la réforme de ce régime.

La charité doit être faite par l'Etat et ses organes, proclamaient les promoteurs de ce mouvement. La charité privée ne doit venir qu'après l'assistance officielle et comme son auxiliaire.

Point, répliquaient les adversaires. L'Eglise doit rester la dispensatrice des aumônes. C'est à elle seule qu'il appartient de secourir les faibles et les malheureux. Les pouvoirs établis n'ont qu'un rôle très secondaire à jouer en cette affaire.

Le second mouvement d'idées triompha avec l'avénement d'un ministère conservateur. Le 28 juin 1854, une nouvelle loi sur l'assistance fut votée. Légèrement modifiée en 1876 et 1886, elle dit ceci en ses articles essentiels :

1° La charité est abandonnée aux églises et aux institutions privées.

2° L'Etat, les communes ne viennent en aide aux indigents qu'après avoir la certitude qu'ils ne reçoivent aucun secours des églises. Encore faut-il, dans cette hypothèse, que le dénuement soit complet, l'indigence formellement prouvée.

Ainsi, dans le domaine de l'assistance, les églises sont souveraines.

Quelles sont les catégories d'institutions prévues et reconnues par la loi ?

On en distingue quatre :

Institutions publiques dirigées par les autorités communales ;

Institutions charitables des Eglises destinées aux pauvres d'une communauté religieuse spéciale et dirigées par ses organes hiérarchiques ;

Institutions charitables particulières, dirigées par des corporations ne relevant pas officiellement des églises ;

Institutions charitables mixtes que dirigent en commun l'autorité civile et une corporation religieuse ou neutre.

La loi ne reconnaît pas le droit au secours. L'aumône officielle est un acte spontané, son refus n'est donc pas susceptible d'appel. La commune s'acquitte de ses devoirs d'assistance par l'intermédiaire d'une Commission composée soit exclusivement de membres pris parmi les conseillers municipaux, soit par un certain nombre de ceux-ci, auxquels sont adjoints des citoyens connus pour leur dévouement à la chose publique. Dans les communes d'importance secondaire, principalement dans les communes rurales, la direction de l'assistance publique revient au bourgmestre (maire) ou à l'un des échevins (adjoints).

Jusqu'en 1870, la loi néerlandaise connaissait le *domicile de secours* : c'était le lieu de naissance du pauvre. Le droit de recours pour les communes en découlait. Depuis 1870, le domicile de secours a disparu, et avec lui, la possibilité pour les communes de se récupérer des frais d'assistance qu'elles font pour des pauvres qui ne sont pas originaires de chez elles ou qui n'y demeurent que depuis un temps très court. Le malheureux doit être secouru au lieu même où commence son indigence.

Etant connue la situation prépondérante occupée par les églises dans l'organisation des secours aux pauvres et le rôle effacé qu'y joue l'Etat, on pourrait supposer qu'il existe entre elles et lui des relations permanentes et étroites. Ce serait une erreur de le croire. Les liens qui unissent l'assistance publique et la charité privée sont très faibles. La loi, à la vérité, n'en a point voulu d'autres.

Tous les rapports entre les institutions privées, religieuses, laïques ou mixtes et l'Administration de l'assistance publique se réduisent à un échange de renseignements sur les pauvres secourus ou qui demandent à l'être. L'assistance publique ne devant accorder son aide qu'en cas de refus des institutions privées leur réclame ces renseignements ; elles ont l'obligation de les lui fournir. Mais les diaconies ne sont pas tenues de motiver leur refus de secourir l'individu qui s'est adressé à elles. Elles ont donc le champ libre pour employer leurs aumônes dans un intérêt confessionnel, et l'on comprend qu'elles se soient toujours opposées avec force à la concentration rêvée par les philanthropes libéraux, des forces charitables disséminées en une même ville (1).

Les institutions non officielles doivent adresser chaque année un rapport détaillé sur leurs opérations. Elles se conforment, comme elles l'entendent, à cette prescription de la loi. Il en résulte que les documents administratifs publiés sur l'état des œuvres d'assistance aux Pays-Bas sont, de l'aveu des fonctionnaires du royaume, fort incomplets et qu'ils donnent une idée imparfaite de l'organisation et du fonctionnement de la charité en ce pays.

Les communes dans des cas strictement déter-

1. Un des philantrophes les plus zélés et les plus éclairés de la Hollande nous disait : « Chez nous, les pauvres sont secourus d'une manière dérisoire ; les institutions ne sont pas reliées entre elles ; elles travaillent très souvent l'une contre l'autre ; elles refusent généralement de se communiquer leurs renseignements sur les pauvres. Elles entretiennent la paresse des vauriens qui veulent vivre sans travailler et se nourrir aux frais de la communauté sociale. »

minés, accordent des subsides aux institutions charitables de l'Eglise. L'autorité civile jouit d'un droit de contrôle sur la gestion de ces institutions; mais ce droit est de peu d'étendue.

Telle est, à grands traits, la législation néerlandaise sur l'assistance. Le nombre des personnes qui l'approuvent sans réserve est restreint. Ses adversaires sont divisés. Les uns, au tempérament radical, en rêvent la refonte totale, avec l'espoir de voir l'Etat devenir le pouvoir responsable de l'assistance aux malheureux pour remplir une mission qui fut laissée aux églises pendant des siècles. Les plus modérés souhaitent qu'on fasse subir au régime actuel des modifications telles que l'assistance ne soit plus une question abandonnée à la libre appréciation de sociétés ou de corporations sans responsabilité effective, s'inspirant, pour refuser ou accorder le secours demandé, des antécédents religieux du pauvre, mais l'application réglementée des principes de fraternité humaine. Tout en se défendant de vouloir amoindrir le rôle des églises, ces réformateurs proclament qu'il est indispensable de confier la direction, le contrôle des actes de bienfaisance à l'autorité civile. Entre les rares défenseurs du système qui fonctionne et ses adversaires les plus révolutionnaires, les sages, que la prudence conseille, ont établi leur camp.

Pour connaître leurs vues sur la question il faut se reporter aux travaux de la Commission nommée par la Société d'utilité publique d'Amsterdam, il y a trois ou quatre ans, afin de rechercher les principes généraux pouvant servir de base à une nouvelle loi sur l'assistance publique en Hollande.

Cette Commission était composée de MM. Me H. Goeman Borgesins, Me A. F. K. Hartogh, J. F. L. Blankenberg, Dr H. J. de Dompierre de Chaufepié et Me R. J. H. Patyn.

L'infatigable obligeance de l'un des membres les plus actifs et les plus distingués de la Commission, M. Blankenberg, nous permet de donner la quintessence de ce projet.

PROJET DE RÉFORMES.

A. — *Principes généraux.*

§ 1. — L'autorité doit assistance aux nécessiteux qui ne peuvent pourvoir à leur entretien et à celui de leurs familles, s'ils ne reçoivent aucun secours de la charité d'une église ou d'une société privée, à moins que ce secours soit insuffisant.

§ 2. — La charité des églises et des organisations privées sera encouragée autant que possible et conduite dans une bonne direction par l'autorité.

§ 3. — L'autorité sera obligée d'éviter tout ce qui pourrait blesser la conviction religieuse des pauvres à qui elle porte secours. Cette règle doit être observée avec plus de précision encore dans tous les cas d'éducation, de mise en pension et d'alimentation.

§ 4. — Le secours pourra être réclamé aux personnes en ayant profité si leur situation devenait meilleure (par exemple, si elles héritaient) ou, d'après des règles à fixer, aux parents, aux enfants, aux époux, et quelquefois aux maîtres et aux chefs d'industrie.

§ 5. — Les personnes secourues par l'autorité se soumettent aux conditions qui sont stipulées pour le secours à donner. Comme règle générale, on ne donne du secours à des personnes valides que contre travail.

§ 6. — Le Comité de l'assistance publique et celui d'une institution de bienfaisance reconnue par la loi ont le droit de demander au juge de prononcer la déchéance paternelle, en cas de manquements graves des parents envers les enfants (mauvaise conduite, sévices, grosses négligences).

B. — *Organisation de l'assistance publique.*

§ 7. — Le secours public aux pauvres émane de la commune.

§ 8. — Pour la désignation du domicile de secours, le séjour temporaire est décisif, à moins que ce séjour temporaire n'ait été que de très courte durée.

§ 9. — Il y a dans chaque commune un comité de l'assistance publique, formé de trois membres au moins, à désigner par le Conseil municipal. Il est assisté par un secrétaire nommé par la même assemblée.

§ 10. — Celui qui désire recevoir du secours de l'autorité en doit faire la demande au Comité de l'assistance publique.

Le demandeur qui reçoit déjà des secours d'une église ou de la charité privée peut être aidé si ce secours n'est pas suffisant.

Aussitôt qu'une personne appartenant à une église fait appel au Comité de l'assistance publique, l'examen prescrit par le paragraphe 19 a lieu. Si le Comité décide d'offrir son assistance autrement que sous la forme de placement dans un dépôt de mendicité, il communique cette décision à la diaconie de la communauté religieuse dont le demandeur est membre, en lui demandant si elle est prête à secourir et, dans l'affirmative, de quelle manière. Si l'on veut remettre un secours en argent, quel en sera le montant?

Si non, pour quelle raison?

Pareille communication est faite, même quand le demandeur reçoit déjà des secours trop faibles d'une diaconie; dans ce cas, le Comité de l'assistance publique demande à la diaconie si elle est disposée à augmenter le secours jusqu'à un taux convenable restant à fixer pour chaque espèce.

Si, dans le cas de l'alinéa 3, aucune réponse n'est donnée dans un délai déterminé, la diaconie est considérée comme prenant le pauvre à sa charge, pour un secours dont le montant reste à indiquer par le Comité de l'assistance publique.

Cette situation se maintient jusqu'au moment où la déclaration officielle faite sur le registre central (voir § 32) fait connaître formellement que la diaconie se refuse à continuer le secours.

Le Comité de l'assistance publique informe la diaconie du quantum de sa participation au secours.

Dans le cas prévu par l'alinéa 4, le silence est considéré comme un refus d'augmenter le secours. Si ce secours complémentaire est nécessaire, il est supporté par le Comité de l'assistance publique.

§ 11. — Un tarif-maximum de secours est établi pour chaque commune par le Conseil municipal. Ce tarif doit être soumis à l'approbation des commissions permanentes (Etats députés) des Conseils généraux (Etats provinciaux).

§ 12. — Si une demande de secours est rejetée, le demandeur peut adresser une réclamation à la Commission permanente des Conseils généraux, qui est compétente pour modifier la décision première.

§ 13. — Le secours n'est alloué que temporairement, sauf renouvellement. Une surveillance continuelle est exercée sur les personnes secourues.

Autant que possible, le secours est porté au domicile des pauvres.

§ 14. — Dans les communes dont le nombre d'habitants est au-dessus du nombre à désigner (par exemple 15.000), et dans toutes les autres à désigner par décret, le Comité de l'assistance publique est complété des présidents des comités de section, nommés dans le paragraphe 18, de telle façon que le nombre de ces présidents ne dépasse jamais la plus faible moitié du Comité de l'assistance publique.

§ 15. — Dans les communes désignées dans le paragraphe 14, le Comité de l'assistance publique peut choisir entre ses membres un bureau exécutif, dans lequel les présidents des comités de sections ne prennent pas place.

§ 16. — Dans chacune de ces communes, des visiteurs des pauvres sont nommés ; ils sont présentés à la nomination par le Comité de l'assistance publique et nommés par le Conseil municipal ; leurs devoirs seront conformes à l'esprit de l'instruction des visiteurs de la ville d'Elberfeld.

Des femmes peuvent être nommées aussi. Les visiteurs ne peuvent avoir moins de 21 ans. Les fonctions de visiteur sont obligatoires, sauf dans les cas de dispense prévus par la loi. Les visiteurs ne reçoivent pas d'honoraires. Chaque année un tiers d'entre eux démissionne.

Un visiteur, ayant rempli ses fonctions pendant trois années, n'est pas obligé d'accepter une nouvelle nomination, du moins pendant un temps déterminé.

§ 17. — La commune est divisée en sections pour le travail des visiteurs ; chaque visiteur est enrôlé dans une section. Il est de règle que chaque visiteur ne doit s'occuper que d'un petit nombre de familles nécessiteuses. Les noms, demeures et sections des visiteurs, seront publiés.

§ 18. — Les visiteurs sont groupés par le Conseil municipal (sur la proposition du Comité de l'assistance publique), en comités de sections, d'au moins 5 et d'au plus 13 membres.

S'il y a nécessité reconnue, le Conseil municipal augmente le nombre des comités de sections en divisant ceux qui existent. Le Conseil municipal en nomme les présidents, pour une période de 3 ans.

Le président n'est pas chargé ordinairement de visiter les pauvres.

§ 19. — Le Comité de l'assistance publique, ayant reçu une demande de secours, la communique immédiatement au président de la section du solliciteur. Le Comité informe en même temps si celui-ci est inscrit sur le registre central.

Le président désigne un visiteur, le jour même si c'est possible ; en tout cas dans les 24 heures.

Le visiteur rend compte de ses recherches au comité de sa section, au moyen d'un formulaire spécialement imprimé dans ce but.

Il envoie ce document, sans retard, au président de son comité de section, qui en doit être en possession avant la séance prochaine.

En cas d'urgence, le visiteur est autorisé à donner un secours temporaire et provisoire ne pouvant dépasser un maximum déterminé à l'avance.

Le comité de section décide sur le secours à donner. Toute décision est immédiatement communiquée au Comité de l'assistance publique, qui peut l'annuler et lui en substituer une autre.

L'annulation est prononcée par le Comité de l'assistance publique réuni en assemblée générale, et sur la proposition du bureau exécutif, s'il existe.

§ 20. — Le Comité de l'assistance publique ou, à son défaut, le bureau exécutif, se livre tous les ans à l'examen détaillé des travaux de chaque comité de section. Cet examen se fait dans une assemblée plénière dont font partie les présidents des comités de section et en présence de tous les visiteurs du comité de section soumis au contrôle.

§ 21. — Les peines infligées aux visiteurs négligents sont les suivantes : réprimande et, s'il y a récidive, démission avec publication.

§ 22. — Dans les communes, non-indiquées dans le paragraphe 14, la décision concernant le secours dépend du Comité de l'assistance publique. Au besoin, des visiteurs sont nommés dans ces communes. Les stipulations du paragraphe 16, relatives à la nomination et à la démission, ainsi que celles du paragraphe 21, sont également applicables à ces visiteurs.

Si le Conseil municipal d'une commune où le besoin de nommer des visiteurs s'est manifesté ne procède pas à ces nominations, la Commission permanente (Etats députés) des Conseils généraux (Etats provinciaux) est autorisée à pourvoir à ces fonctions sur la proposition de l'inspecteur (voir § 38) et, au besoin, spontanément.

§ 23. — Autant qu'il sera possible, des mesures seront prises pour faire travailler, dans et pour la commune, les personnes valides secourues.

§ 24. — Les nécessiteux qui, par paresse, étourderie ou mauvaise conduite n'ont droit à aucun secours, sont placés dans des ouvroirs communaux.

Plusieurs communes peuvent s'associer dans le but de fonder un ouvroir.

Les communes qui ne fonderaient pas d'ouvroir, y pourront être contraintes par arrêté royal, après avis préalable de la Commission permanente (Etats députés) des Conseils généraux (Etats provinciaux).

§ 25. — Pourront être condamnés à l'internement dans un atelier de correction :

a. Ceux qui, étant à même d'entretenir leur famille, la négligent à tel point, par paresse ou mauvaise conduite, qu'elle tombe à la charge de la charité ;

b. Ceux qui se sont adressés au Comité de l'assistance publique pour demander des secours, sans raisons valables ; qui refusent de faire le travail prescrit ou qui s'opposent à leur placement dans un ouvroir ;

c. Ceux qui, étant placés dans un ouvroir, y sont réfractaires à la discipline d'une manière scandaleuse ;

d. Ceux qui ont fait de fausses déclarations, de propos délibéré, dans le but de recevoir un secours.

§ 26. — Un rapport détaillé sur l'assistance des pauvres est publié annuellement dans chaque commune.

Cette publication est faite par le Conseil général des institutions charitables (voir le paragraphe 37) et, dans les communes ou pareil conseil n'existe pas, par les soins du bureau du Conseil municipal.

C. — *La charité des églises et la charité privée.*

§ 27. — La loi étend son action sur toutes les institutions charitables ayant pour but d'adoucir ou de prévenir l'indigence.

§ 28. — Le Conseil municipal de chaque commune dresse une liste des institutions charitables prévues par la loi qui y ont leur siège.

Les bureaux de ces institutions sont tenus de fournir au Conseil municipal, même sans y être invités, toutes les indications nécessaires pour l'établissement de cette liste.

Celle-ci est approuvée par la Commission permanente (Etats députés) des Conseils généraux (Etats provinciaux).

L'institution qui se croit inscrite à tort sur cette liste a la faculté de solliciter sa radiation, en s'adressant à la Commission permanente (Etats députés) des Conseils généraux (Etats provinciaux).

Elle peut appeler de la décision de cette Commission auprès du Roi (auprès de la Reine) le Conseil d'Etat entendu.

Une institution a le droit d'exiger son inscription sur la liste, par la même voie administrative.

En outre, tout habitant de la commune est fondé à demander qu'une institution figure sur cette liste.

Mention est faite sur la liste des institutions légalement obligées de fournir des renseignements pour la tenue du registre central (voir § 32).

§ 29. — Les statuts de toutes les institutions énumérées par la loi sont communiqués à la Commission permanente (Etats députés) des Conseils généraux (Etats provinciaux).

L'autorité établit, par mesure générale, des règles auxquelles ces statuts doivent se conformer. Ces règles, toutefois, ne sauraient concerner la manière dont la charité doit se pratiquer.

Les règlements des institutions existantes, seront modifiés suivant ces statuts-types.

Les statuts des institutions nouvelles, à fonder, devront recevoir l'approbation de la Commission permanente (Etats députés) des Conseils généraux (Etats provinciaux).

Si cette approbation est refusée, la Société intéressée en appelle au Roi ou à la Reine, qui prononce, le Conseil d'Etat entendu.

Les institutions philanthropiques fournissent obligatoirement et annuellement à la Commission permanente (Etats députés) des Conseils généraux (Etats provinciaux), toutes indications utiles concernant l'emploi de leurs revenus. Le Gouvernement et la Commission permanente (Etats députés) des Conseils généraux (Etats provinciaux) peuvent réclamer des éclaircissements complémentaires.

§ 30. — Les membres des conseils de direction des institutions charitables qui ne présentent pas les états de renseignements, ou qui agissent en opposition formelle avec les règles édictées par mesure générale de l'autorité, seront punis d'amendes.

En cas de condamnations réitérées pour irrégularités aux règlements, l'institution pourra être privée de l'autorisation de faire des quêtes pendant un temps que fixera la sentence.

Les institutions qui omettent de faire la communication exigée, relative aux statuts, ou dont les statuts n'ont pas été approuvés, sont privées du droit, prévu par l'article 1691 du Code civil, d'accomplir des actions civiles.

Par extension des articles 947 et 1717 du susdit Code, l'approbation royale sera refusée pour l'acceptation de legs et d'héritages aux institutions n'ayant pas accompli les formalités prescrites par la loi.

§ 31. — Des subsides communaux peuvent être accordés à des institutions charitables émanant des églises et de l'initiative privée.

Les conditions d'allocation de ces subsides sont fixées par la loi. Aucun subside n'est accordé sans que des garanties suffisantes aient été données, touchant le bon emploi des fonds.

Des conditions spéciales seront imposées aux hospices, refuges, etc., qui solliciteront le concours pécuniaire des communes.

D. — *Coopération de l'assistance publique, de la charité des églises et de la charité privée.*

§ 32. — Un registre central des pauvres secourus dans la commune est tenu par le secrétaire du Comité de l'assistance publique.

§ 33. — Les conseils de direction de toutes les institutions énumérées par la loi sont obligés de fournir les renseignements indispensables à la confection de ce registre, à l'exception, toutefois, des institutions qui ont le but spécial:

a. D'apporter un *secours temporaire* en cas de désastre extraordinaire;

b. De *prévenir l'indigence*, par exemple en consentant des prêts sans intérêts contre garantie de tiers; en acceptant en dépôt et en plaçant à intérêt de petites économies (caisse d'épargne), et en faisant des avances sur gages réels (monts-de-piété);

c. De distribuer gratuitement des aliments;

d. De donner des secours en nature, moyennant des bons au porteur;

e. De donner gratuitement de la nourriture ou des vêtements aux enfants, pour encourager la fréquentation de l'école;

f. De mettre gratuitement à la disposition des pauvres l'assistance médicale (consultations et médicaments);

g. De secourir les orphelins et les enfants abandonnés.

Les institutions charitables, qui s'intéressent à une ou plusieurs œuvres rentrant dans l'une des catégories énumérées sous les alineas *b*, *g* du présent paragraphe, en sus de leurs occupations ordinaires, ne sont point tenues de donner des renseignements sur ces œuvres pour le registre central.

§ 34. — Le registre central contient :

a. Le nom de la personne secourue et celui de sa femme ;

b. Le nom des enfants demeurant chez leurs parents et de ceux qui appartiennent aussi à la famille ;

c. L'âge et la profession de chacune de ces personnes ;

d. La demeure ;

e. Le temps de résidence en la commune de la personne secourue et le lieu de sa demeure précédente ;

f. La communauté religieuse à laquelle chacune des personnes en question appartient ;

g. Le secours alloué (par exemple le montant en argent, la quantité de secours en nature, le prix d'un logement gratuit, etc.) et la durée du secours promis ;

h. Le nom de l'institution ou des institutions donnant le secours ;

i. Les variations du secours et la date où il prendra fin.

Une liste spéciale est tenue des personnes hospitalisées dans les maisons de charité (refuges, etc.).

§ 35. — Les renseignements destinés au registre

central sont fournis au moyen de formules imprimées, chaque semaine ou tous les quinze jours, selon les dates de séance des différents conseils de direction des institutions.

§ 36. — Les membres du Conseil de direction et les visiteurs des institutions charitables comprises dans l'énumération de la loi sont admis à consulter le registre central.

Un extrait de ce registre, concernant une famille nommément désignée, peut être délivré contre payement.

Le secrétaire du Comité de l'assistance publique doit renseigner les institutions charitables établies dans d'autres localités, le cas échéant, contre remboursement des frais.

§ 37. — Un Conseil général des institutions charitables est institué dans les communes dont le nombre d'habitants dépasse celui à désigner par la loi ; ce Conseil est composé de représentants de toutes les institutions qui sont tenues de donner des renseignements pour le registre central.

Le Conseil a le droit de s'adjoindre d'autres personnes ; il est convoqué au moins deux fois l'an par le Comité de l'assistance publique.

Le président et le secrétaire du Comité de l'assistance publique sont respectivement, le président et le secrétaire du Conseil général des institutions charitables.

Les frais résultant de l'organisation et du fonctionnement du dit Conseil sont à la charge du Comité de l'assistance publique.

Dans les communes de moindre importance, le

Comité de l'assistance publique a la faculté de convoquer un Conseil général d'institutions charitables.

Le but du Conseil général des institutions charitables est la discussion des intérêts communs et la préparation de mesures tendant à l'amélioration de l'assistance charitable ; la publication du compte-rendu annuel sur l'assistance charitable dans la commune, et l'émission d'avis concernant le partage des héritages et des legs dont il est parlé à l'article 925 du Code civil.

E. — *Contrôle du Gouvernement.*

§ 38. — Des inspecteurs de l'assistance charitable, sont nommés avec mission principale de veiller à l'exécution de la loi, et d'émettre des avis. Ils sont placés sous les ordres du ministre de l'Intérieur.

Ils ont libre accès dans tous les refuges et ouvroirs.

Ils ont le droit de se faire communiquer tous les livres et actes d'une institution placée sous la dépendance de la loi, s'ils sont munis d'un arrêt spécial de la Commission permanente (Etats députés) des Conseils généraux (Etats provinciaux).

C'est par leur soin qu'est publié le compte-rendu annuel sur la charité du pays, ordonné par l'article 193 de la Constitution.

§ 39. — La loi contient des prescriptions, confiant aux commissions permanentes (Etats députés) des Conseils généraux (Etats provinciaux), la charge de veiller à ce que les conseils municipaux n'empêchent pas les comités de l'assistance publique d'exercer le contrôle qui leur incombe en vertu de la loi.

Les commissions permanentes seront investies d'un mandat analogue, en ce qui concerne les dépenses de l'assistance aux pauvres, qui ne devront pas être augmentées considérablement sans de sérieux motifs.

F. — *Les Finances.*

§ 40. — Les frais de l'assistance publique communale seront en partie à la charge du Gouvernement, suivant des règles fixes. Le montant des subsides à accorder, se calcule d'après :

a. Les ressources financières de la commune;

b. Le montant des sacrifices consentis par celle-ci pour l'assistance publique.

Tant que le coût de l'assistance publique ne dépassera pas un certain pourcentage (à déterminer d'après le chiffre des contributions directes perçues dans cette commune par le Gouvernement) aucun subside ne pourra être accordé sur fonds d'Etat.

Si les dépenses d'assistance publique dépassent ce pourcentage, une subvention est accordée pour partie de cet excédent, et proportionnellement à son importance.

Si ce pourcentage atteint ou dépasse le maximum fixé, l'excédent reste en entier à la charge de l'État.

Par mesure générale de l'autorité, la subvention d'une commune peut être fixée à une somme moindre que celle de droit (d'après les règles en vigueur), soit sur la proposition des Etats députés, l'inspecteur entendu, soit d'office et, dans ce dernier cas, les Etats députés sont entendus.

§ 41. — La loi indique la part de subvention que la province doit rembourser à l'Etat.

CHAPITRE X

LA HAYE, AMSTERDAM

La Haye. — Contrôle du service des secours à domicile : son insuffisance. — De l'admission à l'hôpital. — Amsterdam. — Dépenses annuelles de la ville pour les services d'assistance. — Hospitalisation des vieillards. — Les *Hofjes*. — Une visite à l'*Armenhuis* : prison, refuge, hospice ou hôpital ? — Un dortoir de cinq cents lits. — Un « mot » du directeur de l'établissement. — Renseignements statistiques.

La Haye. — Le Bureau communal d'assistance, à La Haye, porte le nom de *Burgerlyf Armbestun*. Il est composé de membres du Conseil municipal que secondent sept employés de bureau rétribués, lesquels remplissent également les fonctions de visiteurs et de contrôleurs des pauvres. Le secrétaire est un fonctionnaire à traitement fixe.

L'assistance publique vient en aide aux indigents de trois manières :

1° Par des secours à domicile, en argent ou en nature ;

2° En les hospitalisant ;

3° En leur accordant gratuitement les secours médicaux et pharmaceutiques.

Le pauvre qui s'adresse à l'assistance publique pour en obtenir un secours doit faire connaître s'il reçoit ou non l'assistance de la diaconie de l'église à laquelle il appartient. La réponse est-elle négative ? Le Bureau communal se renseigne auprès de la diaconie et, lorsqu'il en a reçu la réponse qu'en effet le pauvre n'a pas été secouru par elle, une enquête est faite sur la situation du solliciteur. Après quoi, les besoins étant dûment constatés, un secours est alloué.

Ils le sont pour une année entière ou pour une période fixée d'avance. La remise en est faite au Bureau central d'assistance.

Un service de contrôle est institué pour les pauvres secourus à domicile. Le nombre des employés qui l'assurent est trop petit pour qu'on puisse avoir l'illusion que leur travail présente une utilité réelle.

Pendant l'année 1893, l'assistance publique de la Haye a secouru 3.355 personnes. La valeur de l'argent distribué représentait 29.305 florins. Les dons en nature (pain, tourbe, vêtements, literie), formaient une somme de 34.086 florins.

Les vieillards (hommes et femmes), de plus de soixante-cinq ans, qui n'ont pu trouver un asile dans une des maisons de charité des diaconies, sont admises à l'hospice communal.

En 1893, le nombre de ces pensionnaires communaux était de 157.

Les enfants abandonnés, non admis dans les

hospices des diaconies, sont placés par l'assistance publique, suivant les cas, chez des particuliers, en famille, ou dans des hospices privés.

La commune n'a pas, pour eux, d'établissement spécial.

Assistance médicale. — Tout malade pauvre qui déclare ne pas être en état de payer les soins médicaux reçoit une carte qui lui permet de les obtenir sans bourse délier.

Des médecins jouissant d'un traitement payé sur les fonds de l'assistance publique se partagent, par quartiers, la population indigente. La carte de consultation sert aussi pour la délivrance gratuite des médicaments à la pharmacie municipale.

Les cartes pour secours médicaux sont accordées beaucoup plus facilement que les secours ordinaires.

Si le mal dont est frappé le pauvre exige des soins impossibles à donner à domicile, l'admission à l'hôpital est prononcée sur la présentation d'une carte émanant du Bureau de l'assistance publique. L'hôpital ne dépend pas cependant directement de cette administration. Une autonomie relative lui est laissée. Il est administré par une Commmission dont font partie des membres du Conseil municipal. L'assistance publique n'a donc de rapports avec l'hôpital que pour faciliter l'admission gratuite des pauvres malades, au moyen de la production de ce certificat d'indigence.

Amsterdam. — L'assistance publique d'Amsterdam diffère peu de celle de La Haye. La composition du Bureau communal d'assistance n'est cependant pas la même. Les membres de ce bureau n'appartiennent pas à l'Assemblée communale. Ils sont répartis entre des sous-commissions qui correspondent aux diverses branches de l'administration charitable.

La ville d'Amsterdam dépensait, en 1893, pour secours à domicile (en argent), 59.936 florins entre 11.711 individus ; elle a fait 1.667.200 dons de *tourbe* (pour le chauffage) et remis 141.455 pains de deux kilogs.

Disons, pour montrer ce que sont ces secours en nature et en argent, que le *maximum* de ceux de la seconde catégorie est, pour une famille, de 3 florins, auxquels s'ajoutent 3 pains de deux kilogs et, en hiver, 1.000 kilogs de tourbe.

Les femmes en couches touchent 1 florin 80 par semaine, pendant trois semaines, plus une chemise et trois pains.

Les secours ne sont pas distribués à domicile. Les enquêtes sur les pauvres, pour les mêmes motifs qu'à La Haye, n'offrent pas de meilleures garanties de sincérité.

L'assistance communale assiste les vieillards dont les diaconies ne s'occupent pas. Elle recueille dans un asile, les femmes veuves ou non mariées à partir de soixante dix ans. Cette limite d'âge est abaissée pour les infirmes ou les incurables.

Un établissement d'un caractère mixte, l'*Ar-*

menhuis (1) reçoit indifféremment les vieillards des deux sexes : valides, infirmes, malades ou idiots, qui n'ont pas de moyens d'existence. Le séjour à l'*Armenhuis* est illimité.

Les mots sont impuissants à rendre l'impression de misère qui se dégage de cet établissement où *cinq cents* individus, de tous âges, sont couchés côte à côte dans un dortoir unique, à l'air irrespirable (2). Les vêtements, ou ce qu'il en reste, sont accrochés au pied du lit, dans l'état où les portait l'assisté le jour de son arrivée.

Point n'est besoin d'efforts d'imagination pour deviner dans quelle malpropreté vivent des individus hébergés aussi sommairement. Nous en faisions la remarque au directeur qui nous glissa à l'oreille, flegmatique et malicieux : « Tous mes pensionnaires sont atteints d'hydrophobie. » De

1. Ce refuge communal (*Armenhuis :* maison des pauvres) est situé au Muidergracht, au coin de la rue dite Nieuwe Kerbspaat.

2. La population de cet « hospice municipal d'indigents » flotte entre 700 et 850 personnes.

Celle existant au 1er janvier 1895 (époque où fut dressée la dernière statistique officielle) se dénombrait ainsi : hommes 515 ; femmes 185. Ensemble 700.

Il entra pendant l'année, 170 hommes et 53 femmes, soit 223 personnes, ce qui portait l'effectif total des alimentés à 923. Au cours de l'année, 165 hommes et 53 femmes sortirent de l'hospice volontairement ou décédèrent.

Sur 700 hospitalisés, on compte ordinairement 12 individus de 20 à 30 ans ; 16 de 30 à 40 ans ; 48 de 40 à 50 ans ; 152 de 50 à 60 ans ; 285 de 60 à 70 ans ; 161 de 70 à 80 ans ; 24 de 80 à 90 ans ; 2 de 90 ans et plus.

fait ils ne doivent pas consommer une grande quantité d'eau ! Cependant l'administration ne les force à prendre un bain que lorsque leur saleté est bien apparente.

L'immeuble, très vieux, a des murs lépreux à l'intérieur et extérieurement ; tout y a l'air morne, désolé, de la prison. Un peu de la vie d'Amsterdam y pénètre quelquefois, grâce à des dames d'une société laïque de la ville qui apportent à ces malheureux des fleurs, des fruits, des friandises et des livres.

Le travail, pour tous ceux qui sont capables d'en fournir, est obligatoire. Aux ateliers, grands, très grands, sous les combles et qu'éclairent des fenêtres « à tabatière », les hommes ont à leur disposition des métiers à tisser, d'autres font de la cordonnerie, des vêtements (principalement pour l'établissement), des nattes et des tapis, des copeaux, ou trient du café. Au rez-de-chausssée on nettoie avec du sable et des pierres, d'anciennes boîtes à biscuits en métal.

Pendant l'été les ateliers sont en activité de 6 h. du matin à 11 h. 1/2 et de 1 h. 1/2 jusqu'au soir.

Le produit des objets fabriqués était en 1895 de 18.802 fl. 95, en excédant de 4.124 fl. 61 sur les frais de l'assistance par le travail.

La promiscuité des sexes est évitée soigneusement. Les ménages — mari et femme, — sont divisés. Il n'y a pas à leur intention des pavillons pouvant les réunir. Le mari a la permission de venir 2 ou 3 fois par jour voir sa femme.

Les croyances religieuses de chacun sont largement satisfaites; l'asile renferme deux églises : l'une pour le culte protestant, l'autre pour le culte catholique.

Les frais moyens par journée d'entretien sont descendus, de 0 fl. 86 qu'ils étaient en 1886, à 0 fl. 34 pour les années 1894 et 1895, soit une économie de plus de 60 0/0. En 1897, il était de 0,55 centimes environ. A ce prix, l'administration ne sert pas tous les jours des ortolans à ses clients. Les repas sont ainsi compris : *déjeuner du matin :* café et beurre; *repas de midi :* gamelle de soupe, de pois ou de fèves, pain noir, eau.

A 3 heures : café et pain noir.

A 7 h. 1/2 du soir : lait et gruau.

Trois fois par semaine : pommes de terre et légumes.

L'infirmerie est un service important de l'*Armenhuis*. La population de l'asile ne l'alimente pas seule de malades. Nombre de ceux-ci viennent de l'hôpital communal, qui se débarrasse, par ce procédé élémentaire, d'une partie de ses incurables.

La tenue de l'infirmerie se ressent de celle des autres parties de l'établissement; c'est assez dire quelles critiques elle appelle. Le personnel supérieur ne paraît pas s'en douter. Le médecin, que nous avons rencontré faisant sa visite habituelle, ne nous vantait-il pas « la propreté hollandaise »? Jamais phrase « clichée », ne fut prononcée plus mal à propos.

Pour la section des femmes, le directeur est secondé par une dame qui remplit les fonctions de directrice. Les femmes hospitalisées sont occupées à réparer leurs vêtements, à tricoter. Aux femmes comme aux hommes, il est interdit de rechercher en ville du travail, ce qui créerait une concurrence à l'industrie privée. L'*Armenhuis*, tout à la fois hospice, hôpital, refuge-ouvroir, a du moins un mérite aux yeux de l'étranger : il montre comment, en Hollande, les villes entendent et pratiquent les devoirs d'assistance.

La faute n'en saurait retomber tout entière, sans injustice, sur les municipalités. Le coupable est la loi néerlandaise qui, en remettant aux églises, aux sociétés privées, le fardeau de l'assistance aux pauvres, n'a réservé aux communes qu'un rôle effacé, de pis-aller.

Sur le champ de bataille de la misère, la commune n'a qu'à ramasser les blessés, que les ambulanciers reconnus par la loi, — nous voulons dire les membres des diaconies et des associations de charité privée, — ont volontairement oubliés. Ce ne sont donc pas les administrations locales, répétons-le, qui doivent être rendues responsables de l'insuffisante organisation des services d'assistance publique aux Pays-Bas. Chaque fois, au contraire, qu'elles en ont l'occasion, certaines municipalités (celle d'Amsterdam, entre autres) s'efforcent d'interpréter la loi très libéralement.

Mais ces municipalités ne peuvent empêcher que la loi étant mauvaise produise des résultats pitoyables. On conçoit que les philanthropes de ces pays réclament sans se lasser, depuis plusieurs années, le remplacement d'un système que tous condamnent et qui ne répond plus à l'état des mœurs et aux aspirations sociales du siècle expirant.

Secours médicaux. — Ils sont donnés, — pour le compte de l'assistance publique, — par les professeurs de l'Université, dans des policliniques où les indigents n'ont qu'à se présenter porteurs du carnet justificatif de leur indigence. En plus des cliniques universitaires, dix médecins (un par quartier) quelques chirurgiens et sages-femmes, traitent gratuitement la clientèle indigente. Lés honoraires de ces médecins de quartiers sont de six cents florins par an. Les chirurgiens ont quatre cents florins.

La ville n'a pas de pharmacie municipale. Les pharmacies des hôpitaux exécutent les ordonnances des indigents.

Voici un fait qui montre bien un des vices si nombreux de la loi néerlandaise. Il y a quelques années, l'autorité s'adressa aux diaconies pour les prier de donner à leurs pauvres, selon l'esprit de la loi, les secours médicaux. Avec un ensemble, qu'une entente préalable entre les intéressés n'avait sans doute pas peu contribué à former, toutes les diaconies interrogées prétendirent n'avoir pas les ressources nécessaires à l'organisation d'un service médical. L'administration accepta ces réponses sans chercher à savoir si elles n'étaient pas contraires à la vérité. Le budget communal supporte donc des dépenses d'assistance médicale qui incombent légalement aux églises.

Hôpitaux. — L'hôpital communal d'Amsterdam, fondé en 1889, reçoit trois catégories de malades : 1° les indigents auxquels les médecins des pauvres ont délivré un bulletin d'admission ; 2° les individus atteints de maladies peu connues, qui deviennent des sujets d'études pour le personnel médical.

Les malades n'appartenant ni à l'une ni à l'autre de ces catégories sont taxés à raison de 1 florin 50 par jour (1).

Les personnes qui n'habitent pas ordinairement la ville sont admises à l'hôpital communal en acquittant ces frais de traitement, ou si leur commune d'origine s'engage à les rembourser.

L'hôpital contient sept cent cinquante lits avec chambres d'observation, amphithéâtre pour l'enseignement clinique, étuve à désinfection, etc. Le personnel hospitalier est laïque.

A l'exception des juifs qui ont leur propre hôpital, tous les malades sont admis à l'hôpital communal sans qu'il leur en coûte aucun sacrifice de conscience.

La ville ne possède pas d'hôpital pour les enfants malades ; ils sont placés dans des salles réservées s'ils ont moins de dix ans, ou mêlés avec les adultes s'ils ont dépassé cet âge.

Dans la cour, un bâtiment léger a été construit pour l'administration des secours immédiats

1. Le prix *de revient* (prix de journée) est de 1 fl. 30 par malade.

aux malades ou aux blessés relevés sur la voie publique. A cette ambulance reste jour et nuit, un médecin de garde et des aides.

La ville donne asile aux femmes en couches dans une maternité. Nous avons dit, d'autre part, quels secours en argent et en nature le Bureau de bienfaisance leur accorde pendant trois semaines.

∴

Avec l'*Armenhuis* et les hospices proprement dits, les *hofjes* concourent à l'hospitalisation des vieillards. Ce qu'est le *hofje*? Un groupement de maisons bâties l'une près de l'autre et divisées en appartements d'une ou deux chambres, dont les locataires ont la jouissance à titre gratuit et vivent selon leur bon plaisir, indépendants, sans être soumis à aucune règle administrative pourvu qu'ils aient préalablement justifié d'un certain revenu hebdomadaire — environ 2 à 3 florins par semaine — provenant de leur travail ou d'aumônes. Les bénéficiaires des *hofjes* n'ont pas, comme les vieillards d'un hospice, une existence commune. Ils s'ignorent au contraire, s'ils le veulent, de voisin à voisin. L'assistance qui leur est offerte consiste simplement en une demeure gratuite. Parfois cette assistance s'accroît de petits secours d'argent, de combustible (tourbe ou charbon), *pendant l'hiver seulement*. A de très rares exceptions près, l'habitant de l'*hofje* pourvoit donc lui-même à ses propres besoins. Les vieux serviteurs qui, après une vie honorable, sont jugés dignes de finir leurs derniers jours dans une retraite calme, sûre et indépendante, forment la majorité des locataires des *hofjes*.

En entrant à l'hospice, le pauvre qui a conservé toute sa dignité de citoyen, s'imagine qu'il y renonce en partie. Il recule ce moment aussi longtemps que ses ressources le lui permettent. Pour les *hofjes*, le contraire se produit. On a hâte d'y être admis et c'est la tête haute qu'on s'y installe. Et cependant on n'y a pas la vie assurée depuis le boire, le manger et les vêtements jusqu'au coucher, comme au refuge ou à l'hospice. Mais on y a pour compagnon la liberté

Liberté, liberté chérie !

que, même les vieillards, fatigués de la lutte pour l'existence, estiment encore, au déclin de la vie, le meilleur, le plus précieux des biens.

Amsterdam possède des *hofjes* communaux. Pour y loger, il faut habiter la ville, ne pouvoir entrer dans une autre *hofje* d'une église ou d'une institution privée, avoir absolument besoin d'être recueilli, être âgé d'au moins cinquante ans ; avoir une conduite exempte de reproches, ne pas avoir d'enfants à charge et être à même de gagner au minimum deux florins par semaine.

Dans *l'hofje* habitent un gérant et un concierge sous la surveillance d'un comité de direction dont les membres sont désignés par la municipalité.

Enfants assistés. — Les enfants assistés qui n'ont pas été recueillis par les diaconies ou les sociétés charitables sont envoyés par les communes en province dans des ménages sérieux ou placés dans des hospices particuliers.

A Amsterdam, les enfants, au-dessous de dix-sept ans, qui doivent rester peu de temps sous la tutelle de l'assistance publique (tels ceux dont les parents sont à l'hôpital, au refuge municipal ou en prison), sont soignés provisoirement à l'hospice municipal des enfants assistés. La population en est de huit cents enfants : 243 orphelins ; 301 enfants abandonnés ; 33 enfants trouvés : 232 enfants de malades traités à l'hôpital ; 23 enfants de parents admis à l'hospice municipal d'indigents (*Armenhuis*).

Expérimentation du système d'Elberfeld. — Le système d'Elberfeld a été introduit en Frise, à Leeuwarde, capitale de cette province, par la municipalité.

La loi néerlandaise n'a pas permis une application rigoureuse du système d'Elberfeld. La municipalité de Leeuwarde s'est contentée d'instituer, à côté de la Commission d'assistance qui fonctionne dans presque toutes les villes des Pays-Bas, un corps de visiteurs volontaires des pauvres pour les différentes sections de la ville. Ce sont eux qui reçoivent les demandes de secours, font l'enquête sur le solliciteur et présentent des propositions. Le pouvoir de les accueillir favorablement ou de les rejeter demeure l'une des prérogatives de la Commission centrale d'assistance.

Aperçu du nombre des indigents secourus en Hollande.

Secourus par	Pendant toute l'année			Temporairement			Total		
	Chefs de famille	Céliba-taires	Total	Chefs de famille	Céliba-taires	Total	Chefs de famille	Céliba-taires	Total
Les municipalités directement. .	1.763	2.008	3.771	5.911	8.042	13.953	7.674	10.050	17.724
Les institutions de secours à domicile.	56.451	39.040	95.491	79.789	27.238	107.027	136.240	66.278	202.518
Les sociétés pour les pauvres honteux. . . .	6.482	1.261	7.743	16.977	4.670	21.647	23.459	5.931	29.390
Total. . .	64.696	42.309	107.005	102.677	39.950	142.627	167.373	82.259	249.632

L'effectif des indigents croît dans des proportions inquiétantes. En 1880, les indigents secourus étaient au nombre de 216.532. En 1888, ils constituaient une armée de 230.967 individus. En six ans elle s'est augmentée de près de *vingt mille* têtes.

Le nombre des personnes soignées dans les maisons de charité et dans les hôpitaux a passé de 27.635 en 1880, à 31.256 en 1894.

Par contre on constate que les secours sous *forme de travail* diminuent sensiblement : 5.240 indigents étaient occupés en 1880 dans des ateliers de charité. Il n'y en avait plus que 4.806 en 1888 et 4,505 en 1894, soit un déchet d'un tiers.

∴

Naturellement les dépenses de bienfaisance ont suivi une marche ascendante, parallèle à celle des pauvres secourus :

Les dépenses d'assistance faites par les municipalités et toutes les institutions (celles qui procurent du travail exceptées) étaient de fl. 9.088.569 en 1855 ; de fl. 10.637.211 en 1875. Elles se chiffraient en 1894 par fl. 14.230.493.

Billets de voyage. — Le Bureau de bienfaisance d'Amsterdam facilite le rapatriement pour les provinces du royaume des étrangers à la ville, en mettant à leur disposition des permis de chemins de fer. Le nombre des personnes secourues de la sorte en 1895 a été de 506, se décomposant ainsi : 187 chefs de famille, 319 célibataires. Ces billets de voyage ont occasionné une dépense de fl. 1.863 85[c].

Assistance à domicile. — 15.274 carnets étaient délivrés pour traitement dans les hôpitaux et à

domicile. 67.455 individus étaient inscrits sur ces carnets. Il y eut 1.666 premières incriptions dans l'année 1895.

Personnel et frais de l'assistance médicale à domicile. — Les services médicaux pour le traitement des pauvres à domicile comprenaient : 37 médecins (fl. 19.227 81[5]) et 20 sages-femmes (fl. 3.972 65). Le crédit pour le paiement des chefs de cliniques spéciales était de fl. 4.420.

Frais d'administration, fl. 243.25 ; dépenses des immeubles pour le service médical, fl. 2.428 69 ; frais des appareils, instruments de chirurgie et médicaments, fl. 67.019 66[5]. Dépenses diverses, fl. 4.423 50. Au total, fl. 101.735 57 pour l'assistance médicale à domicile.

Dépenses des aliénés. — Fl, 188.664 42[5] (1).

Enterrements gratuits. — Fl. 2.181 92[5].

Le total des dépenses à la charge de la ville d'Amsterdam était, en 1895, de fl. 274.865 38.

Bureau de bienfaisance. Secours à domicile. — 8.144 demandes de secours ont été acceptées : 5.149 pour secours permanents, 2.530 pour secours d'hiver (Janvier, février, mars, décembre), 465 pour secours d'été.

1. L'Etat participe pour fl. 9.326 50 dans cette dépense et la province pour fl. 10.253 89[5].

1,173 chefs de ménage, 456 célibataires ont reçu des secours continus.

1.388 chefs de ménage, 206 célibataires ont bénéficié de secours temporaires.

76 femmes en couches furent secourues.

Période de domicile à Amsterdam des personnes secourues en 1895. — 191 chefs de famille; 45 célibataires habitaient la ville depuis moins de 3 années; 2.370 chefs de ménage et 617 célibataires y étaient domiciliés depuis 3 années et plus.

Motifs principaux des secours accordés. — Pour 100 titulaires de secours hebdomadaires voici quel était le motif de l'assistance :

Personnes sans travail pour causes extraordinaires, 34,2; Individus temporairement invalides, 2,6; Infirmités ou incapacité de travail, 34,2; Veufs et veuves avec surcharge d'enfants, 28,1; Absence du père de famille (prisonnier ou aliéné), 0,9.

Pour les secours exceptionnels, la proportion pour cent était la suivante :

Privation de travail par causes extraordinaires, 11,6; invalides temporaires, 68,8; infirmité ou incapacité de travail, 4,9; Veufs et veuves avec surcharge d'enfants 13,7; Absence du chef de famille, 1,1.

Dépenses pour secours en argent. — La municipalité d'Amsterdam a payé, en 1895 : pour secours hebdomadaires, fl. 72.529 25; pour secours

extraordinaires, fl. 2.178 02[5]; pour secours aux femmes en couches, fl. 406 80.

Les recettes du service municipal des secours à domicile se décomposaient ainsi :

Intérêts, loyers, fermages, fl. 28.402 57; Legs et donations, fl. 339 62[5] ; Quêtes et souscriptions, fl. 1.932 05, formant une somme globale de fl. 30.674 24[5].

Aperçu général des dépenses d'assistance payées par la ville d'Amsterdam en 1895. — Dépenses de l'assistance publique municipale directe, fl. 274.805 38;

Secours à domicile et hospice municipal des veuves, fl. 96.000.

Hospice municipal d'indigents, fl. 60.845 84;

Hospice municipal des enfants assistés, fl. 53.888 35;

Hôpitaux, fl. 520.119 89 ;

Subventions à l'assistance israélite, fl. 73.000.

Ensemble, fl. 1.078.659 46.

CHAPITRE XI

NORVÈGE

Loi du 6 juin 1863 sur l'assistance publique dans les villes. — Les secours accordés sont remboursables. — Circonscriptions administratives. — Acquisition du domicile de secours. — Dispositions spéciales aux mines. — Direction de la bienfaisance. — Composition des commissions des pauvres. — Les inspecteurs exercent leurs fonctions à titre gratuit sans pouvoir les négliger sous peine d'amende — Impôt pour couvrir les dépenses d'assistance. — Modes de distribution des secours. — La police des pauvres. — Les maisons de travail obligatoire : des individus qui y sont enfermés. — Répression de la mendicité. — Administration de l'assistance à Christiania.

L'assistance publique dans les villes de Norvège est réglée par une loi du 6 juin 1863, modifiée à deux reprises : les 17 juin 1886 et 14 juin 1890.

Dans son titre premier elle traite des personnes qui sont l'objet de cette assistance. Ce sont:

Les aliénés et les orphelins de père et de mère, au-dessous de 15 ans, lorsqu'ils n'ont pas de quoi subvenir à leur existence; les vieillards, les invalides, les indigents malades, si la Commission des pauvres le juge nécessaire.

Ceux qui peuvent travailler et sont bien portants, et généralement tous ceux qui possèdent de quoi subvenir à leur existence, ne doivent pas, d'une façon générale, bénéficier de l'assistance publique. Cependant il appartient à la Commission des pauvres (Fattigkommission), dans des cas urgents, de les secourir; notamment lorsqu'elle croit possible ainsi d'éviter qu'ils tombent dans l'indigence complète.

Ne sont pas admis à recevoir des secours : ceux auxquels le conjoint, les parents ou l'enfant légitime peuvent venir en aide.

L'enfant illégitime se trouve, pour ce qui est de l'assistance due à sa mère, dans le même cas, vis-à-vis d'elle, que l'enfant légitime vis-à-vis de ses parents.

Si la mère de l'enfant illégitime n'est pas capable de contribuer pour sa part à l'entretien de son enfant, la justice peut imposer au père l'obligation de fournir ce qui manque.

Celui qui est tenu d'assister les membres nécessiteux de sa famille est autorisé, lorsque la loi n'en décide pas autrement ou que le besoin de secours n'est que provisoire, à les prendre chez lui et à les y entretenir, tant que la Commission des pauvres ne trouve pas qu'il les traite d'une façon indigne.

Si le parent à assister est marié, les secours sont donnés en dehors de la maison de celui qui secourt, à moins que ce dernier consente à garder les époux sous son toit.

Les domestiques, en cas de maladie, sont soignés par leurs maîtres, jusqu'à ce que, après congé ou autre cause valable, ils quittent leur service. L'obligation du maître vis-à-vis de son domestique tombe, cependant, lorsque la maladie de ce dernier dure plus de quatre semaines.

Il appartient à la Commission des pauvres du lieu où habite la personne à secourir de réduire ou même de supprimer l'obligation, lorsque des circonstances particulières justifient cette faveur.

Si cette obligation n'est pas remplie ou si celui à qui elle incombe traite mal le secouru, l'assistance publique la remplit d'office moyennant une compensation totale ou partielle que la Commission fixe sur les lieux et impose au maître. Le remboursement de cette dépense est poursuivi par tous les moyens de droit, la saisie comprise.

La Direction de l'assistance publique est en droit d'exiger la restitution des secours personnels accordés à toute personne au-dessus de 15 ans ou à une personne pour son conjoint et ses enfants.

Quiconque, pour soi-même, son conjoint ou ses enfants au-dessous de 15 ans, jouit des secours de l'assistance publique, est placé sous la surveillance de celle-ci, tant pour les biens que pour la personne. L'assistance publique peut demander que l'individu secouru soit interdit et, sans son consentement, faire valoir vis-à-vis des tiers, ses droits de créancier, jusqu'à ce qu'elle ait été complètement désintéressée.

Le titre II de la loi du 6 juin 1863 s'occupe des circonscriptions administratives.

Tout district qui, d'après la loi, doit avoir sa propre administration forme, en général, un district de l'Assistance publique.

Avec la sanction royale, plusieurs districts de l'Assistance publique peuvent être réunis en un seul, de même qu'un seul district communal peut être divisé en plusieurs districts de l'Assistance publique.

Les indigents qui ont acquis le droit de domicile dans le district communal, mais non dans un district de l'Assistance publique, sont secourus par le district communal, si aucun autre arrangement n'est intervenu ou n'intervient entre les districts.

Si le district de l'Assistance publique est divisé ou se divise, avec le consentement du bailli, en plusieurs circonscriptions secondaires de telle façon que chaque circonscription, sous la surveillance et la direction de la Commission générale de l'Assistance publique, se charge en entier ou en partie de l'assistance de ses pauvres ; cette division continue jusqu'à ce que l'Administration communale compétente en ait décidé autrement. Lorsque cette dernière trouve que, dans certaines circonstances extraordinaires, des charges disproportionnées pèsent sur une circonscription, elle peut balancer cette disproportion avec des subsides qu'il appartient au district communal de fournir.

Toute personne indigène ou naturalisée, séjournant dans le pays, a généralement droit de domicile dans un des districts de l'Assistance publique.

Elle y peut recevoir des secours dans les cas fixés par la loi.

Le droit de domicile est un droit de naissance ou un droit acquis.

Les indigènes ont droit de domicile par naissance dans le district où leur mère avait le sien lorsqu'elle les mit au monde, et les naturalisés, dans le district qu'ils ont adopté pour séjour au moment de leur naturalisation.

Les étrangers, aussi bien que les indigènes, acquièrent le droit de domicile dans un district, par le fait d'avoir résidé consécutivement cinq ans après leur quinzième année révolue.

Si leur séjour dans le pays est continu, le domicile d'origine s'acquiert dans le délai fixé pour les indigènes.

Tout droit de domicile acquis ultérieurement annule le droit de domicile antérieur, soit domicile par naissance, soit domicile acquis. Le droit de domicile d'une personne âgée de 62 ans est définitif.

L'épouse, tant que le mari vit et que le mariage n'est pas dissous, a le même domicile de secours que son mari. Ce domicile, elle le conserve après la mort du mari ou après la dissolution du mariage jusqu'au jour où elle acquiert un droit de domicile personnel, dans les conditions habituelles.

Les enfants légitimes, tant qu'ils n'ont pas acquis de droit de domicile personnel ont celui du père, s'il est vivant. S'il est décédé et que la mère soit vivante, celui de cette dernière. Si les parents meurent, l'enfant garde le droit de domicile qu'il avait lors du décès du dernier survivant.

Le domicile de secours des enfants illégitimes est celui de la mère.

Les marins et autres personnes en voyage, militaires sous les drapeaux, ainsi que toutes personnes qui, pour d'autres raisons, sont provisoirement absentes de chez elles, sont considérés comme ayant toujours leur domicile dans l'endroit où ils se trouvaient avant de partir.

Cependant, si une personne a été arrêtée ou emprisonnée dans des maisons de travail obligatoire, d'éducation ou de correction, le temps qu'elle a passé dans un de ces établissements n'est pas pris en considération et on n'en tient pas compte lorsque la question d'acquisition du droit de domicile se pose.

Il en est de même pour la désignation du droit de domicile des aliénés, des idiots et des faibles d'esprit, en ce qui concerne le laps de temps pendant lequel leur maladie a duré.

Dans l'examen des demandes de domicile il n'est pas tenu compte davantage du temps que les postulants ont passé, sans raison valable, dans des établissements de charité ou de bienfaisance, tels les asiles, hôpitaux, hospices pour malades, estropiés, aveugles, etc.

Les militaires enrôlés, ou les servants de forteresse, lorsqu'il y a urgence, sont secourus, ainsi que leurs femmes et enfants, par les administrations militaires respectives, dans les cas où cette urgence se produit en cours de service ou à la fin du service. Toutefois, à partir de ce moment, l'administration militaire n'intervient plus que par l'intermédiaire de l'Assistance publique de l'endroit où habite l'intéressé, si cette dernière l'exige. L'urgence se produit-elle après la libération du service seulement? les recours en question tombent à la charge du district ordinaire de l'Assistance publique.

Le temps du service militaire est alors considéré comme une résidence permanente.

Aussi longtemps qu'une personne profite de l'assistance d'un district de l'Assistance publique, soit directement, soit que cette dernière prenne à sa charge ses devoirs d'assistance envers sa femme et ses enfants âgés de moins de quinze ans, cette personne ne peut acquérir de droit de domicile dans un autre district.

Toutes les dépenses faites pour l'assistance des pauvres, y compris les frais d'enterrement, sont remboursées lorsque les formalités de recours ont été observées, pourvu que l'intéressé habite depuis un an au moins le district qui l'a secouru. Ce remboursement se fait, pour les trois quarts de la dépense, par le district de domicile; l'autre quart est supporté par le district où l'urgence s'est produite.

Lorsqu'une commission des pauvres qui a secouru un indigent n'appartenant pas au district a acquis la certitude du domicile de cet indigent, elle est libre de l'y envoyer, à la condition que son besoin d'assistance soit permanent et non provisoire, et que sa santé le permette. La Commission des pauvres de la commune où le nécessiteux est domicilié peut demander son rapatriement ou s'en charger elle-même.

La Commission des pauvres du district, où l'indigent est supposé avoir droit de domicile, doit réglementairement être informée à temps de ce rapatriement qu'effectue la police.

Les arrangements en vue d'empêcher des immigrations d'autres districts ne sont pas reconnus par la loi.

Toute personne qui se fixe dans un district de l'Assistance publique est tenue, si cette administration le demande, de produire, dans un laps de temps déterminé par celle-ci : un certificat délivré par le pasteur du district qu'elle quitte (ce certificat est gratuit ; il indique les noms, âge, lieu de naissance de l'immigré et des membres de sa famille l'accompagnant) ; le temps qu'ils ont passé dans le district d'où ils arrivent. Ce certificat mentionne, en outre, le district où la mère avait son droit de domicile lors de leur naissance, s'ils sont nés dans un autre district.

L'immigré est passible d'une amende de 12 skillings (0 fr. 60) par jour pour chaque journée qui s'écoule à partir du jour fixé pour la remise du certificat. Cette amende ne peut pas dépasser 1 spécie (5 fr. 60 environ).

Si ce certificat n'est pas produit à ce moment, les renseignements nécessaires sont fournis aux frais de l'intéressé par les soins de la Direction de l'Assistance publique.

Toute personne chez laquelle l'immigré a fixé son domicile doit en informer, dans les 48 heures, le commissaire de police qui prévient la Direction de l'Assistance publique.

L'oubli de cette formalité rend passible d'une amende de 12 skillings par jour, jusqu'à concurrence d'un spécie.

La loi renferme des dispositions spéciales pour les mines ; chaque mine forme un district à part de l'Assistance publique.

Lorsqu'un ouvrier mineur, dans l'exercice de son travail, est victime d'un accident au cours des deux premières années de son service, au point de devenir impropre à tout travail, les soins dont il a besoin et sa subsistance ultérieure incombent à l'exploitant de la mine. Quant à la subsistance de sa famille, elle est à la charge du district de l'Assistance publique où il a droit de domicile.

Le droit de domicile, dans un district minier, ne se perd que par l'acquisition d'un droit de domicile nouveau.

D'autres exploitations semblables aux mines, voire plus grandes, peuvent former des districts spéciaux de l'Assistance publique.

La Direction de l'Assistance publique fait l'objet du titre 3 de la loi. — Dans chaque ville, l'Assistance publique est administrée par une commission composée d'un membre de la municipalité, président, du pasteur de la paroisse (si plusieurs fonctionnaires ecclésiastiques sont dans la ville de l'un de ceux-ci) et d'un nombre indéterminé de membres élus.

Lorsque la municipalité comprend plusieurs membres, c'est au Roi de nommer cette commission. Il appartient de même à l'évêque, lorsque plusieurs fonctionnaires ecclésiastiques sont en présence, de choisir parmi eux. Les autres membres de la Commission sont pris parmi les personnes domiciliées dans la ville, les magistrats exceptés.

Chaque district de l'Assistance publique est divisé en autant de districts secondaires, et ceux-ci en autant de sections que la Commission des pauvres le juge utile. La municipalité et la direction choisissent parmi les habitants du district de l'Assistance publique, pour chaque district secondaire, un inspecteur, et pour chaque section, un chef. Ces inspecteurs, ces chefs de sections, restent en fonctions pendant 4 ans. Ils ne sont rééligibles que quatre ans après. Personne n'est tenu de remplir une de ces fonctions après sa soixantième année.

Les fonctions qui incombent aux inspecteurs sur les indications de la Commission des pauvres sont les suivantes :

1° Dresser la liste exacte des pauvres admis à recevoir des secours dans les districts secondaires ;

2° Inspecter les pauvres et se rendre compte de leur situation, de leurs besoins et de leur conduite ;

3° Désigner à la Commission des pauvres les

personnes susceptibles d'être secourues; le meilleur mode de répartition des secours; les changements de situation de nature à faire cesser, diminuer ou augmenter les secours;

4° Veiller à ce que les enfants mis en pension ou habitant chez leurs parents qui sont assistés fréquentent les écoles, reçoivent l'éducation et les soins requis et soient, autant que possible, mis en apprentissage ou placés. Si l'inspecteur estime qu'un enfant ne peut rester confié à ses parents ou aux personnes qui en ont la responsabilité, à cause de leurs mœurs ou de leur santé, il en informe la Commission des pauvres;

5° Donner des secours provisoires avec l'assentiment du président dans le cas où ils ne peuvent être différés, et cela jusqu'à ce que la Commission des pauvres ait pris une mesure définitive;

6° S'enquérir des personnes ou familles du district qui n'ont pas demandé à être assistées, mais dont la situation fait craindre qu'elles n'y soient contraintes, et les aider de conseils et d'avis leur permettant d'améliorer elles-mêmes leur situation.

Si, par suite d'ivrognerie ou d'imprévoyance, un individu dissipe ses moyens d'existence à ce point qu'on puisse redouter le voir tomber à la charge de l'assistance publique, les inspecteurs en avisent la Commission des pauvres pour qu'elle puisse, en cas de besoin, demander son intervention;

7° Recevoir pour le compte de la Commission des pauvres tous les dons volontaires faits à l'Assistance publique en général, ou à tel ou tel indigent en particulier.

Les inspecteurs et chefs de section peuvent être frappés d'une amende de 1/2 à 5 spécies pour négligence dans l'accomplissement de leurs devoirs.

La Commission des pauvres fixe elle-même le nombre de ses réunions annuelles ordinaires, ainsi que les jours et lieux où elles se tiennent; ces réunions sont convoquées huit jours à l'avance, et selon les habitudes de chaque localité.

Le président peut, comme la Commission, provoquer une réunion extraordinaire.

Les membres de la Commission des pauvres, les inspecteurs et les chefs de section, chaque fois qu'ils sont convoqués, sont tenus d'assister à la réunion de la Commission sous peine d'amende d'un spécie, à moins qu'ils ne soient à même de donner une raison plausible de leur absence. Sont également passibles de la même amende les autres habitants du district de l'Assistance publique qui sont convoqués par le président dans un but déterminé, s'ils ne répondent pas à cet appel.

Pour être valables, les décisions de la Commission des pauvres doivent avoir été prises à la majorité des voix d'une assemblée comptant au moins la moitié des membres dont se compose légalement la Commission.

Les écritures et registres se rapportant aux travaux de la Commission sont tenus par le bailli.

Des administrateurs payés, ou exerçant leurs fonctions à titre gracieux, peuvent être nommés si la Commission juge ces créations d'emplois utiles au bon fonctionnement des services d'assistance. Dans le premier cas, la nomination est laissée à la Commission des pauvres. Dans le second cas, il y est pourvu comme pour les autres postes administratifs. Dans les deux espèces, l'acceptation de cette fonction est obligatoire.

Dans les villes où nul fonctionnaire n'est forcé par la loi d'encaisser les recettes pour les pauvres et d'en tenir la comptabilité, les présidents et représentants décident s'il y a lieu de désigner un trésorier rétribué ; ils fixent ses appointements, son cautionnement. La Commission des pauvres le nomme et, s'il y a lieu le congédie.

Les fonctions de caissier sont quelquefois remplies par un représentant élu dans les conditions ordinaires.

La Commission des pauvres désigne les personnes à secourir et les conditions dans lesquelles l'assistance doit se produire.

Elle veille à l'exécution de ses décisions avec le concours de ses propres membres, des inspecteurs, des chefs de sections ou d'un administrateur spécialement nommé à cet effet.

La mission de la Commission des pauvres s'étend à la gestion des capitaux qui sont la propriété de l'assistance publique. La Commission s'assure de leur bon placement comme de l'entretien et de l'utilisation, au mieux des intérêts des pauvres, du domaine charitable.

Impôts et autres frais de l'Assistance publique. — Si les sommes nécessaires aux dépenses de l'Assistance publique ne rentrent pas autrement, elles doivent être perçues sous forme d'imposition sur la nue-propriété et le revenu, conformément aux décrets en vigueur.

Chaque année, avant l'époque fixée par la municipalité, la Commission des pauvres présente aux autorités municipales un projet de budget (recettes et dépenses) de l'Assistance pour l'année suivante. Elle leur soumet également le chiffre de l'impôt à percevoir.

Ce projet de budget, sauf décision contraire de la municipalité, doit contenir :

1° L'indication du nombre des pauvres ; la nature des secours qu'ils reçoivent, la valeur représentative de ces secours et la prévision de leur montant pour l'année entière ;

2° L'indication des frais faits et de ceux de différente nature prévus jusqu'à la fin de l'année.

3° Les chiffres détaillés des recettes de l'Assistance publique en dehors des impôts ;

4° Le compte-rendu des dettes de l'Assistance publique avec indication des sommes qu'il serait utile ou nécessaire de rembourser au cours de l'exercice prochain ;

5° L'estimation du nombre des indigents à annuler l'année suivante.

Le tableau des demandes d'augmentation doit renfermer les noms, condition de famille, besoins et raisons militant en faveur de l'allocation de ces secours.

Le projet de budget est soumis à l'approbation du Conseil municipal, de concert avec l'Administration de l'Assistance publique. L'Administration communale se prononce en dernier ressort. Les membres de la Commission des pauvres sont admis à prendre part à la discussion du projet.

Les contribuables paient l'impôt sur la nue-propriété et le revenu là où ils habitent.

La propriété et le revenu des mines, des exploitations, des places marchandes, des marchés aux poissons, des sécheries de poissons, des fabriques, des manufactures et autres établissements industriels, des emplacements destinés à la construction, ne paient l'impôt des pauvres que dans le district où ces propriétés sont situées.

Les commerçants de places marchandes et des ports d'embarquement qui, quoique habitant la campagne, sont soumis à la taxe de l'Assistance publique, ne paient d'impositions dans le district de l'Assistance publique où ils habitent que pour le genre d'occupations qu'ils y exercent, ainsi que pour les capitaux que représentent les propriétés qui y sont situées. Il en est de même pour les négociants en gros.

Les établissements, tels que les caisses d'épargne, les banques privées et autres maisons du même genre paient l'impôt dans l'endroit où se trouve le siège de la Direction.

La banque de Norvège et ses succursales, les établissements de l'Etat ou communaux ayant un but philanthropique, les compagnies d'assurance et de rentes viagères, les chemins de fer, canaux et bateaux à vapeur pour la navigation intérieure sur fleuves et lacs, sont exempts de l'impôt des pauvres.

Les successions après décès sont touchées par l'impôt des pauvres, nue-propriété et revenus. En cas de liquidation forcée, cet impôt n'est perçu que sur les revenus qu'elle réalise.

Mode de distribution des secours (1). — Sous les réserves insérées par la loi, la Commission des pauvres choisit les modes de secourir et d'assister les pauvres. Soins et secours varient comme les besoins et les situations de ceux qui les réclament.

Les pauvres qui ne peuvent gagner leur vie, tels les malades, les aliénés et les enfants en bas âge, si la Commission des pauvres ne les a pas placés dans des établissements de charité publique ou dans des hôpitaux, sont généralement confiés, contre paiement, à des personnes qui s'engagent à les soigner convenablement.

D'autres nécessiteux qui, bien que maladifs, estropiés ou affaiblis par l'âge, sont cependant en état de contribuer en partie à leur entretien peuvent être placés dans la maison des pauvres ou dans le *workhouse* (2) ou recevoir des secours en nature ou en argent.

Les enfants plus âgés, si leur âge, leur santé n'y mettent pas obstacle, entrent en apprentissage

1. Titre V de la loi du 6 juin 1863.

2. L'influence anglaise, prépondérante en Norvège, se fait sentir jusque dans le langage administratif.

ou sont placés chez des cultivateurs respectables. Dans le cas où ce genre d'assistance n'est pas applicable, la Commission des pauvres les fait éduquer et élever de la façon qui lui paraît offrir le plus de garanties.

Les personnes qui ont la garde de ces enfants doivent, aux époques et sous la forme fixées par la Commission des pauvres, fournir la preuve que ces pupilles reçoivent l'instruction voulue.

Les secours accordés aux pauvres en état de travailler sont remis, autant que possible, en nature.

La police des pauvres. — Les communes isolées ou plusieurs communes réunies peuvent établir des maisons de travail obligatoire pour les pauvres, conformément aux prescriptions de la loi.

On admet aussi dans ces établissements, mais à certaines conditions, outre les pauvres des districts auxquels ces établissements appartiennent, des pauvres venant d'autres districts.

Les indigents qui se livrent à la mendicité, lorsqu'il est possible de les admettre dans des maisons de travail obligatoire et dans les cas où les circonstances sont favorables, peuvent y être enfermés, la première fois pendant deux mois et la deuxième pendant 4 mois, ainsi de suite pour chaque nouvelle contravention, avec une augmentation de deux mois, jusqu'au maximum d'un an.

Il y a des détenus de cette catégorie qui sont

à l'établissement pour la vingtième ou la trentième fois. Cela prouve assez, et les directeurs de ces maisons le reconnaissent pour peu qu'on les en prie, que cette institution ne produit pas des résultats encourageants. Ce sont plutôt des établissements disciplinaires et d'ordre public.

Lorsqu'il n'est pas possible de les enfermer dans ces maisons de travail obligatoire, ces individus sont emprisonnés et mis au pain et à l'eau : la première fois, de 3 à 7 jours ; la seconde fois, de 4 à 10 jours et ensuite, pour chaque contravention supplémentaire, de 8 à 15 jours. Les mendiants qui vont en bande de ville en ville, les chemineaux qui mendient, toute personne qui, sous de faux prétextes ou par des menaces cherchent à se faire verser une aumône, sont punis pour mendicité, à moins qu'une punition plus forte ne leur soit applicable en vertu des autres dispositions de la loi.

Les vagabonds, bohémiens, besogneux, capables de travailler, qui ne relèvent pas de l'assistance publique et ne fournissent pas d'explications suffisantes sur leur lieu d'origine, peuvent, par décision du bailli, être enfermés dans une maison de travail obligatoire pour un maximum d'une année.

Lorsque, après enquête, leur véritable lieu d'origine reste inconnu, et qu'à leur sortie ils n'indiquent pas une localité où ils seraient assurés de pourvoir à leur subsistance, le bailli leur fixe un domicile provisoire dans un des districts de l'assistance publique du bailliage.

Cette mesure n'est applicable que si le Storthing a voté les crédits nécessaires aux frais d'entretien de ces personnes, tant à la maison de travail obligatoire qu'au domicile provisoire.

Les enfants des bohémiens, qu'ils errent seuls, en compagnie de leurs parents ou d'autres bohémiens, peuvent être placés par la Commission des pauvres du bailliage selon qu'elle l'ordonnera.

Dans les maisons de travail obligatoire, la police a le droit de faire enfermer les personnes qui s'adonnent à la fainéantise, à l'ivrognerie et qui, par suite de ces vices, ne subviennent plus légalement à leurs besoins matériels (1).

Leur internement ne dépasse pas une durée de six mois. La Direction de la maison de travail les met en liberté plus tôt, si elles peuvent démontrer qu'elles ont en vue des moyens d'existence légaux ou si la direction croit à leur amendement.

Si, conformément aux dispositions qui précèdent, de tels fainéants ne sont pas enfermés dans des maisons de travail obligatoire, la justice policière s'en saisit et les punit.

Peuvent aussi devenir les hôtes des maisons de travail obligatoire, sur demande de la Commission des pauvres, les femmes qui ont abandonné leurs enfants illégitimes ou qui se sont soustraites à leurs devoirs de mère. La durée de détention n'excède jamais six mois.

1. Le Parlement norvégien est actuellement saisi d'une proposition de modification de cet article. Si elle était adoptée, il ne serait plus permis d'interner ces individus sans un jugement.

Les maisons de travail obligatoire sont installées et administrées d'après des règlements approuvés par le Roi.

Aucun individu au-dessous de quinze ans n'est enfermé dans une maison de travail obligatoire.

Les internés sont séparés par sexe. Ils ne vivent pas en cellule. Ils couchent dans des dortoirs et mangent en commun.

La section des femmes est sous une surveillance féminine.

La durée du travail quotidien n'excède pas 12 heures. Les internés sont répartis, suivant leur métier ou leurs aptitudes: dans des ateliers (cardage et tissage de laine, cordonnerie, menuiserie, taille des pierres, tricotage, couture, etc., etc.).

Les ouvrages exécutés sont vendus dans un magasin au profit de l'établissement.

Les internés qui se conduisent bien en sont récompensés par une amélioration de leur régime alimentaire, et par une petite allocation à la sortie.

Lorsque les individus enfermés se montrent paresseux, querelleurs, se rendent coupables d'actes d'insubordination, détériorent des instruments de travail ou commettent d'autres délits contre l'ordre et les mœurs, la Direction de la maison de travail obligatoire peut : 1° les mettre au pain et à l'eau pendant cinq jours; 2. les enfermer pendant huit jours dans une cellule éclairée; 3° dans une cellule obscure pendant trois jours au plus. Pour le reste, ces individus sont soumis aux règlements ordinaires de la maison, c'est-à-dire qu'ils sont susceptibles de recevoir des coups de garcette et de rotin, des douches d'eau froide, etc.

C'est la caisse de l'Etat qui paie, conformément aux règlements de l'établissement, les frais résultant du séjour des personnes incarcérées par ordre de la police.

L'assistance publique du district paie pour les personnes enfermées sur la demande de la Commission des Pauvres.

Est considéré comme se livrant à la mendicité quiconque, par paroles, signes ou exhibition d'infirmité, sollicite l'aumône. Cela n'est pas le cas pour les individus qui demandent des secours à des personnes avec lesquelles ils entretiennent des rapports personnels.

Si les parents, grands-parents ou beaux-parents, commandent ou permettent à leurs enfants au-dessous de 15 ans de mendier, ce sont ceux-là et non ceux-ci qui sont punis pour mendicité.

Les garçons entre 10 et 15 ans et les filles entre 10 et 12 ans qui mendient, à l'insu et contre la volonté de leurs parents ou tuteurs, reçoivent la verge, quand les remontrances sont restées sans effet. Les filles entre 12 et 15 ans sont punies de 4 à 8 jours de prison et soumises au régime ordinaire des prisonnières.

Les différends entre les districts de l'assistance publique, relatifs à l'obligation et à l'importance des secours, sont définitivement réglés par le ministère compétent, quand les parties sont d'accord pour soumettre ces différends à un arbitrage.

Les amendes fixées par la loi sont versées à l'assistance publique du district, à l'exception de celles infligées aux propriétaires, aux directeurs de mines ou d'autres établissements privés qui forment des districts distincts. Ces dernières amendes profitent à l'Etat.

Les propriétés de l'assistance publique que cette dernière utilise elle-même sont exemptes d'impôts, de redevances, de l'obligation de loger des militaires et de toutes autres charges.

Les fonctionnaires, les représentants de l'autorité publique et les employés, en général, chacun dans sa sphère, et notamment les fonctionnaires de la police, doivent prêter leur concours à l'Assistance publique dans sa mission, sans qu'ils puissent prétendre de ce chef à aucune rétribution.

L'enterrement des indigents est gratuit.

Christiania. — La Commission de l'Assistance publique à Christiania comprend neuf membres. Le Président-directeur est nommé *à vie* par le bourgmestre, sur la désignation du Conseil municipal. Ce choix est soumis à l'approbation du Roi. Cette fonction est rétribuée sur les fonds communaux.

Les autres membres de la *Fattigkommission* sont des citoyens de bonne volonté, aisés, qui remplissent gratuitement leurs fonctions.

La Commission décide la quotité des secours à allouer, désigne les personnes à secourir, ordonne les enquêtes sur les demandes qui lui parviennent.

De l'instruction des demandes. — La Commission d'assistance a, à son service, dix employés nommés par elle et payés par la Commune. Ils consacrent la meilleure part de leur temps aux enquêtes sur les pauvres.

Chaque inspecteur est chargé d'un district. Il y a son bureau où les pauvres sont reçus.

La Commission d'assistance statue sur l'avis de ces inspecteurs. Elle accorde des secours *fixes* ou *temporaires*, selon la nature des besoins qui lui sont signalés.

Les secours temporaires sont payés sur chèque du président à la Caisse de l'Assistance publique. Ils doivent parer à des détresses tout à fait imprévues.

La liste des personnes appelées à toucher un secours fixe est dressée au printemps de l'année. La Commission examine si les indigents déjà portés au rôle doivent être rayés ou y être maintenus avec une allocation plus ou moins forte; elle se prononce sur les demandes d'inscriptions nouvelles.

Le pauvre admis au secours fixe n'a plus rien à solliciter pendant l'année. Jusqu'à l'expiration de ce délai, il reçoit un secours sur la simple présentation de son livret d'assisté.

La Ville ne délivre pas de secours en nature.

Secours médical. — Il y a un médecin par district pour les malades pauvres qui se présentent chez lui, munis d'un bulletin de visite de l'inspecteur de l'assistance. Les médicaments sont délivrés gratuitement chez les pharmaciens de la ville, au choix du malade. La ville règle ces derniers par trimestre ou semestre.

L'inspecteur des pauvres doit procéder à une enquête avant la délivrance du bon de visite médicale. Dans la pratique, les choses ne se passent pas ainsi : le plus souvent l'enquête est faite ultérieurement.

Les enfants, les pauvres d'esprit et les malades qui sont soignés à domicile ne reçoivent pas directement le secours auquel ils ont droit : on le remet à la personne qui veille sur eux.

Hôpitaux. — Christiania a deux hôpitaux, l'un pour les maladies épidémiques, l'autre pour les affections ordinaires. Ces hôpitaux étant insuffisants, la ville envoie une partie de ses malades à l'hôpital de l'État (Rigshospital). Il lui en coûte de ce chef une dépense de 8 à 10.000 kronors par mois (1).

Maternités. — Des établissements, fondés avec les deniers de l'Etat, reçoivent, à Christiania et à Bergen, les femmes norvégiennes enceintes.

Le séjour réglementaire et gratuit est de deux semaines après la naissance de l'enfant, sauf complications.

Les femmes enceintes ne sont reçues qu'à la dernière période de la grossesse, au moment où l'accouchement est très prochain.

1. Le prix de journée que paie la ville est de 1 kronor 62 ores par malade.

Les dépenses de la maternité incombent par moitié à l'État et aux communes.

Enfance. — La capitale de la Norwège n'a ni crèche ni orphelinat. Les enfants privés de leur père et mère et qu'un autre parent ne recueille pas sont placés à la campagne dans des familles. Les enfants trouvés ou abandonnés sont élevés de la même manière. A l'âge de quinze ans, la commune ne s'inquiète plus d'eux.

Vieillards. — La Suède et la Norvège envisagent très différemment le devoir d'assistance aux vieillards et aux incurables.

A l'hospitalisation en masse pratiquée par leurs voisins suédois, les Norvégiens préfèrent le placement familial à la campagne.

La pension payée à ces familles, pour l'entretien de ces vieillards ou de ces invalides, est plus ou moins élevée, suivant que le pensionnaire peut encore rendre quelques services ou qu'il est tout à fait impotent.

15 kronors est, en moyenne, le prix de la pension d'un vieillard.

Pour l'admission au bénéfice de cette assistance, aucune limite d'âge n'est fixée.

CHAPITRE XII

SUÈDE

L'Eglise et l'assistance publique. — Sévérité de la loi suédoise à l'égard des paresseux, des ivrognes ou des débauchés : la peine du travail public leur est applicable. — Organisation de l'assistance dans les communes. — L'hospitalisation des vieillards largement pratiquée. — Les faux pauvres à Stockholm. — Les ateliers communaux d'assistance par le travail. — Modèle du contrat passé entre l'Administration et le pauvre. — Les métiers exercés. — Gothembourg.

Les Suédois sont restés un peuple aux mœurs primitives, presque un peuple de pasteurs. La vie est, chez eux, d'une extrême simplicité : ils n'ont pas de besoins. Quelques grains d'orge broyés suffisent à la nourriture du Suédois. Le commerce et l'industrie se sont, il est vrai, beaucoup développés depuis une dizaine d'années dans les rares centres de la Suède, où la population est agglomérée. Les progrès de la ville de Stockholm, sous ce rapport, sont remarquables. Si le Suédois n'a pas de ressources importantes, s'il gagne peu, il dépense modestement, la vie étant à bon marché. Résistant à la fatigue, aux intempéries, indépendant de caractère, aimant par dessus tout la vie d'intérieur, le *home*, le Suédois nait et meurt pauvre sans le savoir....

Que l'assistance publique n'ait pas en ce pays une organisation susceptible d'être citée en exemple, il n'y a là rien de surprenant. Pourtant on peut noter, dans la législation, quelques principes qui valent qu'on les mette en lumière.

Comme presque partout ailleurs, le devoir d'assistance aux malheureux fut pratiqué pendant des siècles par les membres du clergé. Ce devoir de charité était inscrit dans les lois comme un devoir positif, antérieurement au dix-septième siècle. La loi ecclésiastique de 1686 enjoignit au clergé de veiller à ce que les indigents fussent secourus par les paroisses.

L'assistance était-elle accordée trop facilement? La misère avait-elle accru de façon inquiétante pour les finances publiques le nombre des solliciteurs de secours ? Un jour vint où les demandes des indigents parurent excessives. On voulut en modérer l'exagération réelle ou prétendue ; de ce désir sortit, le 9 juin 1871, la loi actuellement en vigueur sur l'Assistance publique.

Elle ne reconnaît que trois catégories de personnes pouvant être secourues avec les deniers publics : les mineurs (1), les malades et les infirmes, c'est-à-dire ceux que l'âge ou la maladie mettent dans l'impossibilité de pourvoir à leurs be-

1. Enfants au-dessous de 15 ans.

soins de chaque jour. Encore faut-il que ces individus soient privés de moyens propres de subsistance ou qu'aucune personne — parent ou ami, — ne puisse prendre soin d'eux.

Les membres de la famille sont solidaires. Valide, le père est tenu de nourrir et d'entretenir sa femme et ses enfants mineurs. Mais cette obligation entraîne réciprocité. Enfants et parents se doivent une mutuelle assistance.

Aux patrons, il appartient de pourvoir aux besoins de leurs ouvriers ou de leurs serviteurs, pour qu'ils ne tombent pas à la charge de l'assistance publique.

L'égoïsme, l'indifférence, la paresse sont les causes habituelles d'aggravation des charges de l'assistance officielle. Plutôt que travailler certains individus mendient (1) ou font mendier leurs enfants ; d'autres n'ont pas honte de se débarrasser du fardeau d'une famille en l'abandonnant. La loi suédoise punit ces individus d'avoir, par leur faute — paresse ou négligence, — augmenté les charges publiques. S'ils n'ont pas de circonstances atténuantes à invoquer, la peine du travail public (un mois au minimum, six mois au maximum) peut leur être infligée, alors même que l'assistance n'aurait été que temporaire. Les parents d'un enfant qui a été pris mendiant, peuvent voir prononcer la déchéance de leurs droits sur cet enfant.

1. Fait acte de mendiant quiconque, par paroles ou *par signes*, demande l'aumône à d'autres qu'aux autorités compétentes.

Les circonstances dans lesquelles l'enfant a été arrêté établissent-elles qu'il n'a pas agi sous l'incitation de ses parents ? ceux-ci sont invités à le surveiller plus étroitement à l'avenir. L'inspecteur de l'assistance le réprimande vertement. En cas de récidive, dans les mêmes conditions, la police, avertie, peut punir l'enfant en lui infligeant des coups de martinet dans la maison de sa famille.

En fait, surtout dans les villes, l'application de la loi est très libérale. Les administrations communales accordent souvent des secours hors des cas prévus par le législateur.

Tout citoyen suédois a son domicile de secours dans la communauté où il résidait lors du dernier recensement de la population.

Toutefois, le changement de résidence ne se perd plus pour l'individu qui a atteint l'âge de soixante ans. Le domicile de secours reste fixé dans la commune où séjourna le pauvre en dernier lieu. Le droit de recours pour les dépenses d'assistance s'exerce de commune à commune.

Tout pauvre qui trouve injuste la décision prise à son égard par l'Administration de l'assistance publique (au sujet d'une demande d'allocation de secours), peut en appeler à la Communauté.

Le service médical et l'assistance publique ressortissent en Suède au département des Cultes et de l'Instruction publique.

Organisation communale. — L'assistance publique est confiée aux communes et aux paroisses, à l'autorité civile et à l'autorité ecclésiastique selon l'importance des agglomérations de population.

Dans les petits centres, groupant peu d'habitants, c'est là paroisse qui agit et dirige. Chaque paroisse à la campagne ou chaque village ou ville possédant sa propre administration locale forme une communauté d'assistance publique. Ces communautés ressemblent aux districts régionaux d'Allemagne ; de même, les sections de ces communautés sont semblables aux districts locaux de l'empire allemand.

L'administration civile a la haute main, au contraire, dans les villes.

Les gouverneurs de province tranchent les différends s'élevant entre les communes à propos des mesures d'assistance.

Quand les revenus charitables de la communauté ou les amendes, collectes, dons, etc., sont insuffisants pour couvrir les dépenses de l'assistance publique, un impôt spécial est recouvré. Il est, au plus, de 50 ores annuellement, par homme ; de 25 ores par femme ayant passé l'âge de 18 ans, exception faite pour les indigents.

Si le produit de cette taxe est trop peu élevé on a recours à une majoration des taxes communales ordinaires.

Il y a, dans la loi suédoise du 9 juin 1871, un article 34 qui vaut qu'on le reproduise en son texte intégral. Il est ainsi conçu :

S'il se trouve, dans une communauté rurale, des usines, des scieries ou des mines qui emploient un grand nombre d'ouvriers constitués en sociétés coopératives de consommation, ou si un propriétaire de terres à la campagne a pris à son service des gens de la ville, ou s'il a établi sur sa propriété des maisons pour ses ouvriers réunis également en société coopérative, et que ces groupements occasionnent de trop lourdes charges à la communauté en comparaison des impôts qui, légalement, doivent être payés par les propriétaires, ceux-ci sont obligés d'acquitter un impôt supplémentaire. Le montant en est fixé d'un commun accord entre le propriétaire et le représentant de la communauté. Si cet accord ne peut se faire, le préfet, après avoir entendu le propriétaire, fixe la somme annuelle que celui-ci devra payer sans qu'elle puisse jamais être supérieure à 19 riksdaler par société coopérative.

S'il le préfère, le propriétaire s'engage à payer tous les frais d'assistance à faire pour les membres de ces sociétés. En ce cas, il est exonéré du paiement de la moitié de l'impôt régulier. Cette convention entre patrons et communautés est valable cinq ans, mais elle peut être annulée à tous moments du consentement des parties.

Chaque commune organise son assistance publique conformément aux règles générales inscrites dans la loi et suivant les coutumes des lieux, mais avec le principal souci de supprimer tout acte de mendicité.

La loi recommande aux communautés, comme mesures de prudence, de fonder des maisons de travail pour les pauvres et aussi de prévenir, dans la plus large mesure possible, les demandes d'assistance en créant des caisses d'épargne, de secours mutuels et autres institutions de prévoyance.

A toute communauté correspond une administration qui, dans les campagnes, lorsque des stipulations contraires n'existent pas, est formée du Conseil municipal. Si la communauté est sectionnée, chaque section ou district doit avoir son directeur de l'assistance publique.

Le trésorier de la fabrique de l'église, ou son représentant, est autorisé à assister aux délibérations de l'Administration de l'assistance publique, dans les limites de sa paroisse.

Le pauvre qui désire un secours s'adresse au directeur ou à l'un des membres de l'administration de la communauté à laquelle il appartient ou au trésorier de la fabrique.

L'Administration veille à ce que les enfants dont les parents ont été secourus par elle soient, non seulement bien nourris et logés, mais encore instruits très convenablement et chrétiennement.

Des tendances libérales se manifestent peu à peu en ce pays où la religion d'Etat, représentée par le luthérianisme, a de si profondes et de si solides assises. Des efforts sont faits pour éliminer l'Eglise des postes qu'elle occupe en très grand nombre et pour enlever à ses représentants tout rôle et tout contrôle dans les affaires de l'Etat ou des communes. Mais la situation occupée par le clergé est encore importante : il n'intervient pas seulement en matière d'assistance, sa place est marquée à l'école dont le comité de direction a pour président le pasteur.

∴

On chercherait en vain, disions-nous, en ouvrant

ce chapitre, des institutions-types pour la bienfaisance en Suède. Toute l'assistance publique de ce pays se résume en un mot : l'hospitalisation. Les distributions de secours sont insignifiantes. La loi n'ignore-t-elle pas le pauvre ? ne nie-t-elle pas le droit de l'indigent à réclamer un secours de la collectivité ? Des hospices, des maisons de retraites, immenses casernes recevant des centaines d'individus, et des orphelinats, la Suède ne connaît guère d'autres établissements d'assistance publique. C'est la conséquence même de la loi.

STOCKHOLM

L'organisation locale. — Tous les articles de la loi de 1871 ne sont pas applicables à la ville de Stockholm. Le fonctionnement de l'assistance publique dans la capitale du royaume de Suède est indiqué dans les instructions écrites du gouvernement suédois du 4 mars 1864 et des 13 novembre 1874 et 14 décembre 1883.

C'est un bureau central : *Fattigvard* (soin des pauvres), qui centralise toutes les affaires de la bienfaisance à Stockholm. Il se compose d'une délégation de seize membres de la représentation municipale. Le préfet de police, en vertu de sa fonction, prend part, de droit, aux délibérations, mais non aux décisions de la Commission. Des fonctionnaires rétribués sont attachés à cette Commission qui gère tous les biens de l'assistance publique, sous réserve d'un contrôle exercé sur ses actes par des inspecteurs.

Le comité central est en relations permanentes avec l'Administration nommée à son image dans chacun des 22 districts de la ville. Il se réunit au moins une fois par mois. Il n'est pris des décisions que si huit membres au moins sont présents. Cependant le Comité délègue à ses membres le droit de secourir d'urgence les enfants et les vieillards.

Le préfet de police est armé d'un droit analogue.

Les comités d'assistance qui fonctionnent dans les paroisses sous la direction du Bureau central soulagent directement les indigents et les nécessiteux, administrent les asiles, décident de l'admission des malheureux dans ces derniers, gèrent les biens propres à la paroisse. Le pasteur de la paroisse est, sans élection, membre de la Commission d'assistance. Les autres membres sont choisis par le Bureau central qui détermine leur nombre.

Les fonds dont dispose le Comité central sont répartis par ses soins entre les commissions paroissiales.

Les employés, voire les commissions locales, sont obligés de fournir leurs comptes deux mois au plus tard après la clôture de l'exercice, faute de quoi le Bureau central inflige aux uns et aux autres, s'il le juge nécessaire, des amendes pouvant atteindre 5 couronnes par jour de retard.

L'individu qui demande à être assisté se présente, muni d'un certificat de bonne vie et mœurs du pasteur de sa paroisse, au bureau de district. Un employé (roteman) procède à une enquête sur la demande. De l'aveu général, ce sont plutôt des simulacres d'enquête. Les multiples occupations des employés qui en sont chargés ne permettent pas qu'il en soit autrement. Ce sont ces mêmes employés qui s'occupent du service de la population, des mutations de domicile, départs, arrivées, des naissances, mariages.

La ville renfermant 280.000 âmes, le nombre des administrés du district est d'environ 13.000. La tâche des *rotemen* — dont l'effectif est très restreint, — dépasse leurs forces.

Des citoyens de bonne volonté viennent heureusement en aide à l'Administration. Rangés sous la bannière de l'Office central des œuvres charitables (*Foreninger*) (1), ils s'entourent des renseignements de nature à confirmer ou démentir les dires des solliciteurs et parviennent ainsi à rendre de plus en plus rares, en les décourageant, les quémandeurs pour qui la pauvreté est une lucrative industrie.

Les bureaux des pauvres donnent des secours de loyer de 4 à 5 kronors (2) par mois (soit 5 fr. 60 à 7 fr.) de préférence aux familles ayant plusieurs enfants. Cependant, aussi souvent qu'elle

1. Nous avons expliqué le fonctionnement de cette Société dans notre précédent ouvrage sur *La Charité privée à l'Etranger*.

2. Un kronor vaut 1 fr. 40.

y est autorisée par les parents, l'Administration place ces enfants dans des familles à la campagne. Les frais d'entretien par enfant reviennent alors, pour l'année, à 80 kronors.

Hospices. — Pour accomplir leurs devoirs légaux envers les malheureux, devoirs qui consistent à recueillir et entretenir les incapables de par l'âge ou la maladie, presque toutes les communes possèdent des hospices.

Il y avait 2.134 de ces établissements en 1895, pour toute l'étendue de la Suède. Dans ce nombre figuraient les maisons de travail et les fermes de pauvres.

La ville de Stockholm comprend huit paroisses qui se partagent les fonds communaux. La paroisse a ses établissements d'assistance. Quelquefois plusieurs paroisses s'unissent pour fonder et entretenir à frais communs des établissements, dont les dépenses ne pourraient être supportées par une seule d'entre elles.

Ce sont généralement des maisons de retraites qui motivent ces accords inter-paroissiaux.

Les hospices où l'on paie sont très convenablement tenus. Ils se rapprochent, sans les égaler, des établissements de même destination des pays du centre de l'Europe.

Les maisons de refuge ou de retraites où l'on entre sans payer de droit d'admission ni de pension de séjour, sont loin de ressembler aux pires de nos asiles ou de nos hospices.

L'installation y est sommaire, l'hygiène peu ou

point observée. La population hospitalisée est trop dense.

Tout est, d'ailleurs, relatif. Telle installation contre laquelle nous protesterions avec véhémence comme indigne de notre civilisation, apparaîtrait très suffisante à d'autres peuples moins raffinés. Le Suédois, habitué à se contenter de peu, modeste en ses goûts, ne souffre pas de l'hospitalisation que lui offre l'assistance publique de son pays.

Les dangers de ces agglomérations de pauvres sur un même point, dans des conditions hygiéniques critiquables, ne subsistent pas moins. On les reconnaît publiquement dans les cercles officiels. C'est un indice : on cherchera à les éviter dans l'avenir.

Déjà se forme un courant favorable au remplacement de ces vastes bâtiments par une série de petits pavillons où les pauvres seraient classés suivant leurs aptitudes professionnelles et leur origine. Nous l'avons pu constater.

Södermalms fattighus ou « Maison pour les pauvres fatigués ». — Cet établissement est situé dans la banlieue sud de Stockolm. Sa population est de 800 personnes : 200 hommes, 600 femmes. Quoique les dortoirs ne contiennent pas plus de 16 lits (il y a des chambres qui n'en ont que deux), on y respire malaisément ; le cube d'air par personne est insuffisant. Il y a trop de lits. L'âge minimum d'admission est fixé à soixante ans pour les hommes et les femmes. La limite d'âge n'est baissée qu'au profit des chroniques ou des infirmes.

En moyenne, les vieillards entrent vers 75 ans. L'établissement n'a pas de chambres pour ménages. Si le mari et la femme sont reçus à l'hospice, ils vivent séparés, chacun dans le quartier réservé aux personnes de leur sexe.

A la demande d'admission doit être joint un certificat d'indigence émanant de l'autorité civile. Une enquête, ayant pour objet d'établir l'honorabilité du solliciteur, précède l'admission.

Les hospitalisés ne sont pas obligés de travailler. Ils n'ont pas de réfectoire. Ils prennent leurs repas au dortoir.

Le prix de journée d'un hospitalisé dans cette maison est de 0,36 ores (0 fr. 504) ; grossi des frais d'amortissement, ce prix s'élève à 0,54 ores (0 fr. 756).

« *Stockhalms Stads Allmänna Försörjningsinrättning* » est un établissement qui répond à des besoins assez divers. Les pauvres et les individus qui ne peuvent plus travailler y trouvent un refuge. Cette maison complexe tient tout à la fois de l'hospice, de l'hôpital, du dépôt de mendicité et de l'asile d'aliénés ! Elle a quelque analogie avec la maison de Nanterre (Seine). Le mouvement des entrées et des sorties a été, en 1896, le suivant :

Entrées : 1.097 hommes, 457 femmes.
Sorties : 1.007 hommes, 439 femmes.

L'établissement est situé dans un joli site, sur les bords du lac Clara. Un grand jardin le précède et lui donne un air riant qui contraste avec l'intérieur misérable des salles.

Dans la partie des bâtiments affectée aux malades sont soignés des chroniques, à raison de 17 ou 24 lits par salle.

La maison de refuge comprend trois quartiers distincts: 1° l'un pour les anciens militaires; le travail y est volontaire; 2° deux quartiers pour les individus, hommes ou femmes, envoyés d'office par la police: vagabonds sans logement, convalescents sortant de l'hôpital, maris punis pour avoir, en désertant le foyer conjugal, obligé les autorités à secourir leurs femmes et leurs enfants (1).

Les pensionnaires de la première section sont libres de partir le jour où cela leur plaît, à la condition de prouver qu'ils ont en ville un logis et du travail.

Le troisième quartier est habité par des femmes qui, en entrant, s'engagent par contrat à séjourner trois mois.

Les hospitalisés de ces différents quartiers vont eux-mêmes chercher à la cuisine les aliments qu'ils consomment au réfectoire.

Les dortoirs, malpropres, exhalent une odeur âcre. Comment pourrait-il en être autrement? Les couchettes sont assemblées par groupes de

1. Dans tous ces cas la police agit de sa pleine initiative. Elle ordonne l'envoi à la maison de travail, sans décision des tribunaux.

quatre, deux lits-jumeaux (1), reposant sur le sol, avec deux autres lits au-dessus de ceux-ci.

On devine l'air vicié que respirent les malheureux qui sont obligés de coucher dans ces espèces de boîtes, à l'extrémité desquelles les occupants suspendent leurs vieilles hardes.

Le linge de corps des hospitalisés est renouvelé une fois la semaine. Nous n'ajouterons rien à ces constatations : la nécessité de réduire au strict minimum les dépenses d'assistance explique, sans les excuser, la plupart des mesures prises ou des dispositions adoptées à l'établissement de *Stockhalms stads Almanna.*

Travail des hospitalisés. — Les travaux exécutés par les hospitalisés hommes consistent dans la fabrication des cercueils, des boîtes d'allumettes, des chaussures de bois, des ouvrages de menuiserie, le broiement des couleurs, le raccommodage des meubles et des objets de literie.

La couture, le tissage, le blanchissage du linge, la préparation des plumes de volaille pour la literie sont les travaux auxquels les femmes s'emploient.

La Ville traite avec des entrepreneurs pour la confection de ces travaux. Mais elle exploite directement une industrie : celle du nettoyage et de la conservation des tapis pour les particuliers. Elle se livre aussi à la fabrication des fagots

1. Ces lits occupent une surface de 4 mètres carrés à peine.

de bois. Les bois achetés par la Ville (1) arrivent à quai dans l'établissement. Ils sont sciés et découpés par les hospitalisés. Ces fagots sont vendus aux pauvres trente ores, et seulement en détail. Afin d'éviter tout trafic de la part des marchands, on n'en livre pas par grandes quantités.

La majorité des hommes qui travaillent sont occupés à scier ou fendre du bois.

La Ville ne réalise et ne cherche à réaliser aucun bénéfice sur la confection et le produit de ces fagots.

Sabbatsbergs Fattighus est une maison de retraite pour les pauvres, semblable à celle de *Sodermalms Fattighus*. Fondée le 1er avril 1752 pour trois cents personnes, elle offre actuellement l'hospitalité à plus de 1.000 individus.

L'âge moyen d'entrée est 73 ans 1/2.

La population de cet établissement se répartissait ainsi au moment de notre passage :

Nombre des hospitalisés par âge d'entrée :

1 de 30 à 40 ans ; 5 de 40 à 50 ans ; 28 de 50 à 60 ans (les premiers sont des infirmes); 260 de 60 à 70 ans ; 530 de 70 à 80 ans ; 173 de 80 à 90 ans ; 1 de 90 ans.

1. La Ville dépense environ 12.000 kronors par an en achat de bois.

Nombre d'années de séjour par chaque personne à la fin de 1896 :

400 hospitalisés sont restés dans la maison de 1 à 5 ans ; 308 y sont restés de 5 à 10 ans ; 133 de 10 à 15 ans ; 77 de 15 à 20 ans ; 54 de 20 à 25 ans ; 15 de 25 à 30 ans ; 8 de 30 à 35 ans; 3 de 35 à 40 ans.

La durée moyenne de séjour est de 8 ans 1/2.

Les dépenses de l'établissement ont été, en 1896, de 117.395 kronors, ce qui représente annuellement 117 kr. 16 par hospitalisé et un peu plus de 32 ores par jour.

Maisons de travail. — Après les hospices où les vieillards et les incurables demeurent jusqu'à leur mort, il faut parler des maisons de refuge, mieux dénommées maisons de travail, car tous ceux qui y sont admis doivent travailler.

Stockholms Stads Arbetsinràttning, l'une de ces maisons, se trouve dans le quartier sud de Stockholm, dans les bâtiments délabrés d'une ancienne fabrique.

Elle existe depuis cinquante ans. Pour être admis, il faut adresser une demande au chef de la police de qui dépendent les services d'assistance publique et fournir la preuve qu'on n'a point encouru de condamnation et qu'on est capable de travailler.

L'admission peut être prononcée le jour même

de la demande. Le sujet, en entrant, signe un contrat par lequel il s'engage à demeurer dans l'établissement trois mois au moins et à s'y soumettre au règlement.

Voici la traduction de ce contrat :

CONTRAT DE SERVICE

Entre l'Administration des travaux de la ville de Stockholm, représentée par le directeur, d'un côté,

et. . . . . d'autre part.

Je soussigné. . . . qui, sur ma propre demande, entre à dater de ce jour dans les ateliers, m'engage à y rester jusqu'au. . . . du prochain. . . . (indication du mois), en échange de la jouissance des avantages qui sont dûs à l'ouvrier et de l'observation des devoirs qui lui incombent ; en conséquence, je m'engage par le présent non seulement à me soumettre aux prescriptions qui y sont en vigueur actuellement, mais à toutes celles qui pourront être ordonnées par l'Administration ou par le directeur pour le maintien de l'ordre et de la discipline dans les ateliers.

Si ce contrat n'est pas dénoncé un mois avant l'expiration du terme fixé plus haut, il continuera à être valable pendant trois mois accomplis après ce délai.

Nous nous engageons réciproquement par la présente déclaration.

Ateliers de la ville de Stockholm le . . . .

(Chantiers).

(Direction des travaux).

La journée de travail est, en été, de dix heures : de 7 heures du matin à 7 heures du soir, avec 2 heures de repos pour le déjeuner et le dîner ; en hiver : de 8 heures du matin à 6 heures du soir. Tout nouvel arrivant prend un bain et revêt le costume de la maison.

Le quartier des hommes et celui des femmes sont séparés par une petite cour.

Les ateliers pour les hommes occupent trois étages. Au rez-de-chaussée on exécute le travail du fer, la serrurerie, la ferronnerie. Les menuisiers sont au 1er étage ; les cordonniers et les tailleurs au deuxième. Les hospitalisés reçoivent un très léger salaire pour le travail fourni, — *cinq ores* environ par jour. Du côté des femmes, il n'y a qu'un atelier. Les hospitalisées font principalement des ouvrages de couture. Celles qui savent tisser ont, à leur disposition, quatre métiers. Un hangar ouvert sur l'un de ses côtés a été transformé en lavoir-blanchisserie. Hommes et femmes y blanchissent du linge pour l'établissement et pour les particuliers. Beaucoup de familles de la ville donnent là leur linge à blanchir. Le tarif pour la ville est de vingt-cinq ores par kilo de linge sec. Dans ce prix est compté le transport pour l'aller et le retour. Le blanchissage est fait entièrement à la main sans le sécours d'aucune machine. Dans les ateliers, on fabrique ou l'on répare pour les besoins de la maison ou pour les autres établissements hospitaliers de la ville. Le pain consommé par les pensionnaires est cuit dans la maison. Les dortoirs, au nombre de 10 pour les hommes et de 2 pour les femmes, manquent d'air et ne sont pas ventilés. L'atmosphère en est viciée, irrespirable. Les lits en bois sont accouplés. Ils ont un plafond sur lequel les hospitalisés déposent les objets qui les embarrassent. L'établissement n'a qu'un réfectoire. Hommes et femmes y prennent leurs repas à tour de rôle. Trois repas sont servis par jour.

Des chambres de punition, à peu près installées comme l'est dans nos postes de police le *violon*, sont réservées aux hospitalisés indisciplinés ou qui refusent de travailler.

En cas de faits graves le directeur de l'établissement appelle la police.

Aucunes formalités, autres que la présentation d'un certificat médical et d'un bulletin de police, n'étant à remplir, la population de cette maison de travail est très mélangée. On y rencontre des jeunes gens et des vieillards. La moyenne du séjour varie entre trois et six mois. Quelques individus restent plusieurs années mais ils constituent des exceptions.

Les hospitalisés sortent sur permission du directeur.

L'établissement a place pour 800 hommes et 90 femmes. Il n'est jamais au complet. En hiver, où les arrivants sont plus nombreux qu'en aucune autre saison le contingent ne dépasse pas 600 hospitalisés. L'été le réduit de cinquante pour cent.

Les dépenses de personnel ne sont pas élevées ; la surveillance des salles et des ateliers est, en effet, exercée par sept employés que choisit la Direction parmi les hospitalisés.

Le prix de revient de chaque pensionnaire est de 55 ores par jour.

∴

Il existe un établissement semblable dans le même quartier pour cent hommes.

Ceux que possède le quartier Nord sont mieux aménagés et de construction moderne.

Les secours médicaux. — Quinze médecins se partagent à Stockholm, pour le compte de la Ville, la clientèle nécessiteuse. Le malade pauvre qui réclame le secours du médecin municipal s'adresse préalablement au Bureau de bienfaisance de son district pour en obtenir un certificat d'indigence. Une enquête sur chaque demande est réglementaire : le plus souvent on délivre le certificat sans procéder à cette formalité.

Hôpitaux. — La capitale suédoise possède une demi-douzaine d'hôpitaux. Le visiteur de l'Exposition de 1897 à Stockholm pouvait examiner les plans y figurant d'un nouvel établissement hospitalier que la municipalité se proposait d'édifier, pour les pauvres, dans le Sud de la ville. Cet hôpital est en construction.

A l'hôpital *Sabbalsbergs* que nous avons visité, on a jugé bon de reléguer, dans un endroit où leur présence ne cause point de gêne, les malades bruyants, de caractère difficile ou d'une expectoration abondante et nauséabonde. Ces malades sont au sous-sol.

L'Administration a adopté pour cet hôpital le système des pavillons à deux étages seulement. Ils sont tenus proprement. Chaque salle se termine par un salon d'agrément avec fleurs, arbustes, petite bibliothèque où les malades se reposent et se récréent. L'aspect de ce salon est engageant.

L'hôpital pour les personnes atteintes de maladies épidémiques *Epidemi sjulkhuset* est placé sur une hauteur. Il est national : les habitants des différentes provinces du pays y sont traités.

Les plus grandes précautions sont prises pour éviter au personnel de service le contact des malades.

Cette préoccupation se manifeste dans les moindres détails. Ainsi, par le moyen d'une tablette de bois glissant entre des coulisseaux le long des parements du lit, les aliments arrivent à portée du malade sans que personne se soit approché de lui.

Dans tous les hôpitaux les malades sont admis sans qu'on s'enquiert de leur nationalité ou de leur religion.

Les leçons cliniques pour les étudiants sont professées à l'hôpital royal (Lazaret des Séraphins), où fonctionne un service de consultations gratuites pour les pauvres.

Maternités. — Dans les quatre maisons d'accouchement de la ville, les femmes enceintes, légalement mariées ou illégitimes, entrent sans formalités. Ces maternités appartiennent à la Ville. Les filles-mères ont la faculté de solliciter leur admission à l'orphelinat *Almanna* en qualité de nourrices ou de filles de service. Elles ont alors le droit d'y demeurer huit mois avec leur enfant.

Aliénés. — Le traitement de la folie n'est pas assuré comme il devrait l'être. L'alcoolisme, la plaie hideuse de la Scandinavie, ravage les masses populaires. Les asiles d'aliénés disposent de 3.000 places : il en faudrait 6.000.

Personnel hospitalier. — Le personnel des hôpitaux à Stockholm est laïque, depuis le directeur jusqu'à la dernière servante. Il ne mérite que des éloges si l'on en juge par certains établissements comme le grand orphelinat *Almanna Barnhuset* ou rien n'est à reprendre dans le service intérieur.

Les infirmières sortent de l'école des infirmières annexée à l'hôpital Sophie (hôpital de la Reine).

Assistance de l'enfance. — Les enfants trouvés sont élevés à Stockholm, par les soins de la municipalité, dans un vaste asile.

L'Administration place contre rétribution les orphelins dont elle est la tutrice à l'orphelinat privé *Almanna Barnhuset.*

GOTHEMBOURG

La ville de Gothembourg, quoiqu'elle ne compte que cent mille habitants, est une de celles où se sont le plus développées les institutions philantropiques. Salles d'asiles pour les enfants, sociétés de distribution de secours aux nécessiteux, association pour venir en aide aux estropiés, orphelinats, habitations ouvrières; l'initiative privée a fondé et les particuliers entretiennent ces diverses institutions de bienfaisance.

La municipalité de Gothembourg ne se désintéresse pas pour cela de l'assistance à prêter aux pauvres. Son budget pour cet objet montait, en 1893, à 635.230 kronors (635.230 × 1 fr. 40 = 889.322 francs).

Une grosse part de cette somme provient de l'impôt perçu sur le droit de vente des eaux-de-vie (1). Cette somme s'augmente du produit du travail des individus internés dans des établisse-

1. Pour combattre la consommation de l'alcool, le législateur a imaginé en Suède de frapper d'une taxe très forte la fabrication des eaux-de-vie. A cet exemple, plusieurs villes importantes, comme Gothembourg, ont monopolisé la vente de l'alcool et imposé un droit élevé de vente.

ments d'assistance et des rentes du patrimoine des pauvres.

Pour l'assistance médicale à domicile, la ville est divisée en 10 districts.

Le nombre des personnes logées et nourries dans les deux maisons de pauvres de la ville croît légèrement. Il était de 963 en 1883, de 1.019 en 1886, de 1.104 en 1890. Même observation peut être faite à propos du prix d'entretien de chaque pauvre. Ce prix est passé de 123 kr. 91 en 1883 à 156 kr. 95 en 1890.

En cette dernière année, 37.643 personnes ont reçu des secours en argent pour une valeur de 185.468 kronors, et du pain et du bois pour 128.367 kronors. Ces dépenses ont été en augmentation de 50.000 kronors en 1892.

L'administration du bien des pauvres est confiée à un comité de 16 personnes, indépendamment du clergé paroissial et du directeur de la police. Au-dessous de ce comité fonctionnent, à l'instar de Stockholm, des comités de district.

CHAPITRE XIII

LE DÉVELOPPEMENT DES INSTITUTIONS D'ASSISTANCE EST-IL UN BIEN ?

De cette enquête, quels enseignements tirer pour notre pays et plus particulièrement pour la Ville de Paris ? Si l'on se borne à l'examen comparatif des législations étrangères, il apparaît que nous n'avons pas beaucoup à emprunter à nos voisins. Ce n'est pas au moment où tant de gens en France, s'adressent à l'Etat comme à une bonne à tout faire qu'on pourrait proposer en modèle les Pays-Bas, où les pouvoirs publics se déchargent sur les Églises et les sociétés charitables privées, de l'assistance aux pauvres. Pour un autre motif doit être écartée la Scandinavie. La civilisation n'a pas encore assez pénétré dans ce pays pour que l'Assistance publique y soit un problème difficile à résoudre. Il faut cependant signaler les mesures prises en Suède et en Norvège contre les individus dont la paresse, la débauche ou la négligence d'un quelconque de leurs devoirs a pour conséquence d'obliger l'autorité à secourir leur famille. L'internement dans une maison de travail forcé n'est-il pas, pour ces déserteurs de la vie laborieuse, amplement justifié par le tort qu'ils font à la collectivité ? La loi prussienne, en ce point, se rapproche de la loi suédoise. La loi anglaise ne se montre guère plus tendre. Si elle ne punit pas du travail obligatoire ces individus, elle permet de poursuivre impitoyablement sur eux le recouvrement des dépenses qu'ils ont occasionnées à l'Assistance publique. Cette restitution ne serait-elle pas en France une punition suffisante dans la plupart des cas?

L'organisation générale de la bienfaisance officielle en Allemagne et en Belgique n'est pas très dissemblable de la nôtre.

Parlerons-nous de l'Angleterre ? Comment l'oser ? L'Anglais a l'audace de vouloir vivre par lui-même, sans le secours de ces fameux pouvoirs publics que nous autres Français chérissons au point de leur tout sacrifier, nos biens, nos personnes, notre pensée. L'Anglais a la réputation d'un égoïste, indifférent aux maux de l'Humanité : la loi d'assistance qu'il a faite à son image doit donc être cruelle. Convenons-en. Quelques milliers de nos compatriotes en prendront du plaisir et cela n'empêchera pas l'Angleterre d'être, par excellence, le pays de l'effort individuel et de la liberté.

Si nous renonçons à comparer entre elles les législations charitables des états de l'Europe du Nord, — l'entréprise serait trop vaste et dépasserait le but que nous nous sommes assigné, — nous croyons cependant utile de noter, en ces conclusions, quelques points de détail : organisations administratives locales, institutions, manières de procéder, dont municipalités et administrateurs pourront faire leur profit.

§ 1. — En Hollande et en Suède l'Administration de l'Assistance Publique est tenue de fournir un annuaire statistique détaillé de ses opérations. Les statistiques de Hollande sont extrêmement intéressantes à consulter pour les personnes qui se livrent à l'étude des questions de bienfaisance. Le Bureau municipal les établit. On y trouve clairement classés tous les renseignements se rapportant à l'assistance, depuis le nombre et les traitements des employés jusqu'aux motifs principaux des secours accordés. Ces renseignements sont en français et en hollandais.

A Paris, un semblable annuaire ne rendrait pas seulement service à tous ceux qui ont quelque part à l'Administration du bien des pauvres, conseillers municipaux, fonctionnaires, administrateurs des bureaux de bienfaisance, etc., il permettrait au public en général et principalement à ceux qui se sont donnés la belle autant que délicate mission de l'instruire, de parler en connaissance de cause d'un sujet toujours à l'ordre du jour de l'opinion et trop souvent traité à la légère.

§ 2. — Le système d'Elberfeld pour la curatelle des pauvres n'est pas seulement appliqué dans presque toutes les villes d'Allemagne : il a été introduit aux Pays-Bas ; il fonctionne en Suède.

N'y aurait-il pas avantage à s'en inspirer en France où on ne le connaît que par quelques timides essais comme celui du IIIe arrondissement de Paris ? La multiplication du nombre des citoyens qui consentent bénévolement à devenir curateurs des pauvres, en augmentant les chances de sincérité des enquêtes, réduit, du même coup, les risques de fraude. Le faux pauvre, évoluant dans un cercle plus restreint, exerce avec difficulté son industrie.

§ 3. — Les comités de patronage qui, en Belgique, donnent à tant de citoyens de bonne volonté le moyen d'intervenir efficacement en faveur des enfants en danger moral, de les surveiller, de les protéger, de les sauver malgré leur entourage, offrent un exemple des services que peut rendre l'initiative privée, appuyée sur l'Etat.

§ 4. — Redirons-nous les inconvénients, pour les personnes qu'agitent des troubles nerveux ou cérébraux et qu'agitent pour leurs familles, du séjour provisoire à l'infirmerie du dépôt de la préfecture de police ? Ces inconvénients sont avoués. On y remédierait à peu de frais en aménageant, dans chaque hôpital parisien, une ou deux chambres de claustration comme il en existe à l'étranger, notamment à l'hôpital Stuivenberg d'Anvers.

§ 5. — Ce n'est qu'en tremblant qu'on porte la main sur certaines institutions où certains systèmes décorés du qualificatif « démocratiques ». Cette remarque s'applique à l'adjudication. On a vanté ce système pendant de longues années. On a répété qu'il était tout à la fois le plus avantageux pour les finances des communes, des départements, de l'Etat, et le plus juste. Il a fallu en rabattre. Le système a été faussé dans son fonctionnement par les entrepreneurs. On a appris, par plus d'un procès, que l'entente n'est pas impossible, entre soumissionnaires, pour la fixation d'un rabais maximum. Quand la concurrence joue librement, elle dicte parfois des rabais tellement élevés que le fournisseur ou l'entrepreneur déclaré adjudicataire n'a qu'un moyen d'échapper à la ruine : frauder sur tout, sur le mode d'exécution des travaux, sur la qualité des marchandises ou des matériaux, sur la main-d'œuvre, à moins qu'habile homme il préfère apitoyer l'Administration sur son triste sort et obtenir une indemnité compensatrice de ses pertes. Alors encore le principe de l'adjudication est violé. Les entrepreneurs sérieux qui, prévoyant les aléas de l'affaire, avaient offert des rabais moins forts que celui de notre imprudent, se trouvent avoir été écartés au profit d'un concurrent moins scrupuleux ou moins naïf. La Ville de Paris en sait quelque chose.

La condamnation prononcée contre l'adjudication par la municipalité socialiste de Gand, à la suite des faits instructifs que nous avons rapportés, fournit matière à méditer sur les avantages et les inconvénients de ce système.

§ 6. — L'embarras des membres des administrations de bienfaisance commence avec la répartition des secours. D'après quelle base doit-elle être faite? Quel secours est préférable de celui en espèces ou de celui en nature? L'échelle des secours adoptée par la municipalité de Cologne paraît sagement établie. L'unité d'allocation étant fixée, le calcul du secours est, on peut le dire, automatique et mathématique. Il suffit de regarder le barême pour déterminer le montant de la somme à accorder à une famille composée d'un nombre x de personnes. D'un côté, les charges supplémentaires qui motivent l'allocation du secours. De l'autre côté, les causes de réduction du secours global, revenus du travail des enfants ou de la femme, aumônes particulières, etc. Il ne reste plus qu'une soustraction à faire.

Doit-on accorder la préférence aux secours en nature? Vaut-il mieux les sacrifier aux secours en argent? Les avis là-dessus sont partagés. La vérité n'est-elle pas que ces deux sortes de secours répondent à des besoins différents, également intéressants?

Est-il nécessaire d'insister sur les services que rendraient à Paris les *secours-prêts* accordés par le Bureau de bienfaisance d'Anvers? N'y a-t-il pas là un instrument puissant de relèvement social pour la clientèle la plus méritante apparemment des bureaux de bienfaisance parisiens?

Le don d'appareils orthopédiques, fait à titre de secours par la municipalité de Cologne, la distribution de combustible et de vêtements en hiver par les municipalités belges, sont des modes d'assistance à recommander.

Comment ne pas louer les municipalités belges

et allemandes qui autorisent les médecins des pauvres à faire donner à leurs malades indigents, par ordonnance, des aliments : viande, œufs, vin, lait, etc. ? Le malheureux qui appelle le docteur de l'assistance publique souffre souvent, en effet, beaucoup plus des privations que la misère l'a forcé d'endurer que d'une maladie bien caractérisée. Ce sont des aliments sains et fortifiants, un peu de viande, du vin qu'il lui faut pour rétablir sa santé, non des drogues.

§ 7. — Des discussions sans cesse renaissantes ont prouvé la difficulté pour les municipalités de rémunérer équitablement, sans crainte d'abus ou de réclamations, le personnel du service médical. Le mode de rétribution innové par la municipalité de Hasselt, et dont elle se déclare satisfaite, est séduisant. N'en pourrait-on tenter l'expérience en France ?

§ 8. — En mentionnant la régularité avec laquelle, à Hasselt, on revise la liste des pauvres secourus par le Bureau de bienfaisance et les heureux effets qui en découlent, nous touchons à un problème dont la solution, nous ne l'ignorons pas, préoccupe vivement, depuis plusieurs années, le Conseil municipal de Paris et l'Administration de l'assistance publique. Ce travail de revision et, dans bien des cas, d'épuration, a pour but de rayer les pauvres indignes ou ceux dont la cause d'assistance a disparu ; d'inscrire d'office des malheureux qui n'avaient pas osé solliciter l'assistance quoique leur misère fût grande. Bien conduit, il peut produire d'excellents résultats, entre autres celui de faire mieux proportionner les secours aux véritables misères à soulager. Cette revision des listes des pauvres est souhaitable. Il faut reconnaître que, dans les grandes villes, c'est un travail difficile à mener à bien.

§ 9. — Une autre forme de secours doit être signalée à l'attention de ceux qui ont mission d'administrer l'assistance publique. C'est le billet de voyage, moyennant lequel quelques communes de Belgique, de Hollande et de Suède se débarrassent, en les renvoyant d'où ils viennent, des individus qui, sans l'application de cette mesure, grèveraient le budget pour un temps d'une durée impossible à déterminer. L'affluence, principalement dans les cités industrielles, d'individus en quête de travail, — et qui ne parviennent pas à en trouver, — est une des causes évidentes de l'augmentation du budget de l'assistance publique. L'ouvrier a tôt fait de dépenser les quelques économies qu'il avait emportées en quittant son pays d'origine ; il ne tarde pas à frapper à la porte du Bureau de bienfaisance.

S'il obtient son admission au secours, ce sera pour longtemps.

En inscrivant chaque année au budget des crédits pour la distribution de billets de voyage à ces indigents, les municipalités (1) font donc une dépense profitable, puisqu'elle aboutit finalement à

1. L'Assistance publique de Paris et la Préfecture de Police délivrent de ces coupons de chemins de fer. Cette pratique gagnerait à se généraliser.

une diminution des charges permanentes de l'assistance publique.

A un autre point de vue ce système mérite l'encouragement. Il procure le moyen de combattre, dans une mesure dont nous ne nous exagérons pas l'importance, les effets du mouvement d'émigration des habitants des campagnes vers les villes et des habitants des petits centres vers les grands, en ramenant au lieu de leur ancienne résidence tous ces déracinés.

§ 10. — Il nous reste à exprimer le vœu que les municipalités françaises comprennent enfin la nécessité de construire des habitations à bon marché. C'est une assistance fort honorable pour celui qui l'offre et pour celui qui l'accepte. En louant des logements salubres à bas prix, on aide des ménages pauvres et dignes ; ceci est déjà fort recommandable. Impose-t-on comme conditions de jouissance de ces locaux : pour les enfants la fréquentation de l'école, pour les parents l'observance des règles de l'hygiène domestique, la tempérance ? Une œuvre de moralisation double le prix de l'acte d'assistance. Plusieurs municipalités étrangères marchent résolument dans cette voie depuis longtemps. La municipalité parisienne se décidera-t-elle quelque jour à les y suivre ?

∴

Sans chauvinisme, nous appuyant uniquement sur les faits, nous pouvons déclarer, au moment de clore cette longue enquête, que la France est à la tête des nations européennes pour tout ce qui touche à l'organisation et au fonctionnement des œuvres d'assistance. Est-ce un bien? Est-ce un mal? Etrange question, dira-t-on. Qui sait? Depuis cinquante ans, plus sensiblement depuis vingt-cinq ans, les institutions de bienfaisance ont poussé avec une incroyable force. L'initiative privée et les pouvoirs publics ont rivalisé de zèle pour soulager les misères humaines. On a revisé les anciens règlements, amélioré les institutions existantes, fondé des établissements. Des millions par centaines, ont été dépensés. Ce mouvement de progressibilité dure encore. La philanthropie est reine. A-t-elle diminué, par ses bienfaits répandus à profusion, le nombre des malheureux ? Qui ne voit qu'à mesure que le cercle de son action s'élargit l'Assistance groupe de nouveaux clients ? Comme un sol spongieux que toute l'eau du monde ne désaltèrerait pas, l'Assistance absorbe d'année en année des sommes plus considérables sans atténuer visiblement les maux dont souffre l'espèce humaine.

L'armée des solliciteurs de secours croît proportionnellement aux sacrifices consentis par les contribuables ou exigés d'eux.

La dernière statistique des Pays-Bas établit que l'armée indigente a grossi de 20.000 hommes en six ans. Pendant cette même période, l'assistance par le travail a décliné, décliné. On observerait un phénomène analogue dans notre pays. La Bienfaisance privée ou publique, telle qu'on la conçoit et qu'on la pratique généralement, n'arrête pas plus les ravages de la misère que les piqûres de morphine ne guérissent le malade. Elle accélère plutôt les progrès du mal en surchargeant les actifs, les studieux, les courageux, au profit des fainéants et des débauchés.

Voilà pourquoi elle nous apparaît comme un danger social très proche. Ce danger, il faut avoir la franchise de le dénoncer, le courage de le regarder en face. Pareille à la tache d'huile, la bienfaisance s'étend sans cesse envahissant tout autour d'elle. Tel qui n'osait pas, hier, solliciter un léger secours, s'enhardira demain en voyant le voisin en toucher un. Bientôt sa timidité première se changera en arrogance. Il ne sollicitera plus : il exigera et s'indignera de ce que la société lui marchande un secours qui lui est dû, prétendra-t-il. Pourvu de ces ressources extraordinaires, il se contentera d'un salaire inférieur à celui qu'il recevait avant d'émarger au budget de l'Assistance.

Par la force des choses, il contribuera à la dépréciation de la main-d'œuvre, il sera une cause d'avilissement des salaires. Qui en pâtira? L'ouvrier laborieux, persévérant et prévoyant. Et c'est ce dernier qui supporte les frais d'entretien de ceux-là mêmes qui menacent d'être ses plus redoutables concurrents sur le marché du travail.

« Nourrir les incapables aux dépens des capa-
« bles, écrit Herbert Spencer dans une page qu'on
« ne saurait trop relire (1), c'est une grande

1. *Introduction à la Science sociale*, p. 369.

« cruauté. C'est une réserve de misères amassée « à dessein pour les générations futures... On ne « peut faire un plus triste cadeau à la postérité « que de l'encombrer d'un nombre toujours crois- « sant d'imbéciles, de paresseux et de criminels. « Aider les méchants à se multiplier, c'est au « fonds préparer malicieusement à nos descen- « dants une multitude d'ennemis. On a le droit de « se demander si la sotte philanthropie qui ne « pense qu'à adoucir les maux du moment et per- « siste à ne pas voir les maux indirects, ne pro- « duit pas au total une plus grande somme de « misère que l'égoïsme extrême.

« En refusant d'envisager les conséquences « éloignées de sa générosité inconsidérée, celui « qui donne sans réfléchir est à peine d'un degré « au-dessus de l'ivrogne qui ne songe qu'au plai- « sir d'aujourd'hui et ignore les douleurs de de- « main, ou du prodigue qui cherche les jouissan- « ces immédiates au prix de la pauvreté finale. « Sous un rapport il est pire car, jouissant lui- « même sur le moment de la douceur de faire « plaisir, il lègue à d'autres les misères futures « auxquelles lui-même échappe. Il est une chose « qui appelle une réprobation encore plus sé- « vère : c'est ce gaspillage d'argent inspiré par « une fausse interprétation de la maxime : « que « la charité efface une multitude de péchés ». « Chez les nombreuses personnes qui s'imaginent, « par suite de cette fausse interprétation, qu'en « donnant beaucoup elles peuvent expier leurs « mauvaises actions, nous pouvons reconnaître un

« élément de véritable bassesse — on s'efforce « d'acquérir une bonne place dans l'autre monde, « sans s'inquiéter de ce qu'il en peut coûter à ses « semblables. »

Ainsi, sans qu'ils s'en doutent, les travailleurs s'enlisent au lieu de s'élever, en même temps que grandit la bienfaisance ; les caractères s'affaiblissent, la force morale se perd, l'effectif des résignés va grossissant. A un bien immédiat, à peine saisissable, le pauvre sacrifie l'espoir d'une amélioration profonde et durable de son sort.

Est-ce à dire que nous conseillons de rester indifférent aux misères humaines et de ne point tendre une main secourable à ceux qui chancellent ou tombent sur le chemin de la Vie ? Certes, non. Mais il convient de se bien pénétrer de cette vérité que tout nouvel inscrit sur les registres de la bienfaisance est une force perdue pour la collectivité. Il faut, modernisant la vieille formule, répéter sans relâche à tous les échos : « Aide-toi, la société t'aidera. »

Ce rôle de la Société est-il difficile à tracer ? Voyons, pour cela, à quels besoins pourvoit l'assistance publique. Elle recueille les orphelins, les enfants abandonnés. Elle secourt les vieillards. Elle soigne les malades pauvres. Elle vient en aide aux malheureux que le chômage a plongés dans la détresse.

Les orphelins, les enfants abandonnés, infirmes, indigents, ne peuvent subvenir à leurs propres besoins : l'Etat ou la commune qui les prend sous sa protection remplit un devoir sacré.

Pour les adultes la question est bien différente. Les sociétés de secours mutuels n'assurent-elles pas à leurs membres les soins médicaux et une indemnité en cas de maladie? L'ouvrier craindrait-il les désastreuses conséquences des interruptions forcées de travail s'il était affilié à une société d'assurance contre le chômage? Qui s'inquiéterait de l'avenir si les caisses de retraites pour la vieillesse comptaient, dans le pays, autant d'adhérents que d'habitants ?

Imaginez, sur toute l'étendue du territoire, les citoyens faisant partie d'une société de secours mutuels, d'une caisse d'assurance contre le chômage, les accidents ou la maladie, d'une caisse de retraite pour la vieillesse. Quel rôle resterait à jouer à l'Assistance publique?

Objectera-t-on la difficulté pour l'ouvrier ou l'employé de prélever sur leur gain les cotisations à ces sociétés d'assurance ou de retraite ?

Qu'il y ait des milliers et des milliers de travailleurs dont le salaire ne suffit pas pour les faire vivre avec leur famille, cela n'est que trop vrai. Les efforts des hommes de cœur doivent tendre à l'amélioration de la condition de ces parias, non par l'octroi d'aumônes, mais par une répartition plus équitable des produits du travail. C'est la tâche de tous les jours, c'est l'œuvre de justice qui s'élabore lentement.

Mais, à côté de ces victimes d'une organisation sociale qui n'est en harmonie ni avec les mœurs, ni avec la science industrielle du temps, il y a d'autres ouvriers, en grand nombre, qui engloutissent en dépenses superflues, souvent dans les cabarets, des sommes qu'ils pourraient épargner. Que ne rappelle-t-on ceux-ci à leur devoir? Que ne les encourage-t-on à le faire? Pourquoi, si cela est nécessaire, ne pas les y contraindre ? Les municipalités (1) peuvent contribuer à développer les sociétés de secours mutuels en les subsidiant. A défaut de l'initiative privée, si lente à s'éveiller chez nous, l'Etat a le devoir de parer, par la création d'institutions de prévoyance, au danger moral et financier que nous fait courir le chancre de la Bienfaisance.

Ce danger, n'est-on pas fondé à croire qu'il disparaîtrait totalement le jour où la participation de tous les citoyens à ces œuvres de prévoyance serait rendue obligatoire ?

---

1. En Belgique, les communes votent des crédits relativement importants pour subventions aux sociétés de prévoyance.

ANNEXES

ANNEXE I[1]

Service des enfants abandonnés ou orphelins de Bruxelles.

NOTE D'INSPECTION

nommé .... *né à* ....

le .... *enfant* .... *admis* { *aux Abandonnés, le*........ *aux Orphelins, le*.........

inscrit reg........ *fol*............... *placé depuis le*........ *chez*.......

DERNIÈRE INSPECTION

Indiquer l'état de santé de l'enfant ; s'il a été malade depuis la dernière visite, désigner l'affection dont il a été atteint et par qui il a été traité.

Quelle est sa nourriture habituelle?

A-t-il une chambre et un lit pour lui seul? Sinon, avec quelles personnes partage-t-il sa chambre ou son lit ?

Indiquer la composition du lit et son état d'entretien.

Indiquer l'état des vêtements portés par l'enfant lors de la visite et des autres habillements à son usage.

L'enfant est-il proprement tenu?

Fréquente-t-il régulièrement l'école? Laquelle ?

Indiquer son degré d'instruction.

S'il a plus de 14 ans, quel métier apprend-il, à quelles conditions et chez qui se fait cet apprentissage ?

L'enfant revient-il chaque soir chez ses nourriciers ?

1. Indiquer si l'enfant est orphelin, ou abandonné, ou trouvé, ou à charge de la bienfaisance.

Quelle est le montant de son salaire?

Si l'enfant n'apprend pas de métier, à quels travaux l'occupe-t-on?

Quelles sont sa conduite et sa moralité?

Est-il content chez ses nourriciers; y est-il bien traité?

N'est-il pas soumis à des corrections exceptionnelles? Dans l'affirmative, par quoi ont-elles été motivées?

L'enfant est-il considéré comme étant de la famille?

A-t-on des raisons de croire que les nourriciers conservent l'enfant par intérêt? Dans l'affirmative indiquer ces raisons?

Quelle est la position et la réputation de ses nourriciers?

Ont-ils des enfants? Combien?

Ont-ils d'autres enfants en pension et de qui?

Donner tous autres renseignements et, entre autres, si l'enfant est sur le point de devenir majeur, indiquer quel est son avenir probable, s'il a tiré au sort, s'il est au service militaire, etc.

Résumer la situation morale et matérielle de l'enfant par un des cinq mots suivants : *Excellente, Très Bonne, Bonne, Passable, Mauvaise.*

A . . . . le . . . . . . 189 .

Signature de l'inspecteur,

Signature de l'enfant visité ou indication des motifs pour lesquels il n'a pu signer,

A Monsieur le Président,
du Conseil général des Hospices,
Boulevard du Jardin Botanique,
Bruxelles.

ANNEXE II

BUREAU DE BIENFAISANCE DE NIVELLES.

Projet de contrat de location des habitations ouvrières.

Par devant N., notaire à la résidence de la ville de Nivelles, etc.

Ont comparu:

Messieurs N.... et N..., agissant en qualité de membres du Bureau de bienfaisance de Nivelles, et sous la réserve formelle d'approbation par l'autorité administrative compétente ;

Lesquels ont mis en bail à loyer, pour le terme de six années consécutives, qui prendront cours le. . . . . . ., pour finir, de plein droit, sans congé ni renon, la veille de pareil jour 18. . . . .

Les maisons ci-après désignées, construites pour habitations d'ouvriers, par ledit bureau de bienfaisance, formant un groupe de douze demeures, tenant l'une à l'autre, avec jardins en face, toutes érigées à l'endroit nommé Gotissart, au faubourg de Namur, sous Nivelles.

Charges et conditions.

Art. 1. — Les locataires qualifiés ci-après déclarent et reconnaissent que les maisons par eux reprises, à titre de bail, sont toutes en parfait état de construction et d'entretien ; que les portes sont munies de bonnes serrures avec clefs, et celles intérieures, de cliches ; que les portes, fenêtres, châssis, pentures, cliches, ne laissent rien à désirer sous aucun rapport ; enfin que les murs de construction sont plâtrés à l'intérieur, ainsi que les plafonds ;

Que les pavements et les planchers sont dans le meilleur état et que les soubassements des murs, tant à l'intérieur qu'à l'extérieur, ne présentent aucune détérioration.

En conséquence, à l'expiration de leur jouissance, les preneurs devront remettre les biens loués dans l'état parfait où ils se trouvent.

A cette fin, ils devront jouir desdits biens en bons pères de famille, comme de bons et loyaux locataires doivent le faire, sans surcharger ni détériorer les bâtiments en aucune manière, faire toutes les réparations locatives à leurs frais et en temps opportun, sans diminution aux loyers fixés ci-après. Toutes les autres réparations restent à la charge de l'établissement propriétaire.

Art. 2. — En cas de sinistre le bureau de bienfaisance ne sera pas tenu de fournir un autre logement aux preneurs, mais il fait toutes ses réserves de droit vis-à-vis de ceux-ci en ce qui concerne leur responsabilité dans les cas déterminés par la loi.

Les maisons qui font l'objet du présent bail seront toutes assurées contre les risques d'incendie, par les soins et au profit de l'établissement propriétaire. Les primes d'assurance seront acquittées par le bureau de bienfaisance.

Art. 3. — Les parcelles de terrain devant chaque maison louée et formant jardins ne pourront recevoir d'autre destination et seront cultivées à la bêche et annuellement engraissées de bon fumier.

De même il est formellement défendu de faire aucun changement intérieur ou extérieur aux bâtiments.

Art. 4. — Toute sous-location, cession et remise de bail est formellement interdite. Les preneurs devront habiter et occuper les biens par eux-mêmes et leurs familles.

Art. 5. — Défense est faite de tenir cabaret, de débiter des boissons et surtout des liqueurs spiritueuses.

Art. 6. — Toute détérioration intérieure est à la charge des locataires, de même que toute détérioration extérieure. Les réparations seront, le cas échéant, exécutées par les soins et sous la surveillance du bureau de bienfaisance, qui désignera un délégué à cet effet. Les frais en seront remboursés sur présentation d'états ou mémoires acquittés.

En ce qui concerne les détériorations extérieures, les frais de réparation qu'elles occasionneront, si l'auteur n'est pas connu, pourront être mis à la charge de tous les locataires solidairement et après enquête administrative.

Toutefois cette stipulation ne fait pas obstacle à la réclamation des frais dont il s'agit du locataire de la partie détériorée.

Art. 7. — Les locataires devront se conformer à toutes les mesures qui pourront être prises par le bureau de bienfaisance dans l'intérêt du quartier formant les biens loués, comme dans l'intérêt du bien-être, de la santé et de la moralité de ses habitants.

Le bureau de bienfaisance se réserve le droit de surveillance et de visite intérieure de la propriété, chaque fois qu'il le jugera utile, afin de veiller à la parfaite tenue des maisons et au rigoureux accomplissement des conditions du contrat.

Art. 8. — Les couleurs données aux portes et aux châssis, ainsi qu'aux murs, seront respectées et ne pourront subir aucun changement afin de conserver l'aspect et la symétrie que présente le groupe des maisons louées.

Art. 9. — Toutes les charges et conditions qui précèdent sont de rigueur et ne peuvent être considérées comme minatoires, étant stipulées tant dans l'intérêt général que dans l'intérêt bien compris de chacun des preneurs et de l'établissement propriétaire.

En cas d'infraction constatée, la résolution du présent bail aura lieu de plein droit, sans autre formalité de justice que la signification du procès verbal constatant la contravention. Cette formalité remplie, le locataire en défaut sera expulsé des lieux si le bureau de bienfaisance le juge à propos, sans titre ni droit à aucun dédommagement pour travaux de culture du jardin, fruits, semences et engrais.

Art. 10. — L'impôt foncier et les autres contributions de toute nature, soit générales, soit provinciales ou locales, nulles exceptées, seront à la charge des locataires, en sus des loyers.

Le paiement devra en être fait tous les mois, par douzièmes au moins, il en sera justifié à toute demande du préposé du bureau de bienfaisance, par la production des quittances du receveur de l'établissement.

Cette charge est évaluée pour chaque maison louée, à fin de base de droit d'enregistrement, à vingt centimes annuellement.

Art. 11. — Si le bureau de bienfaisance le juge à propos, et sans qu'il résulte pour l'établissement aucune obligation civile, il pourra accorder soit périodiquement chaque année, soit aux époques qu'il lui conviendra, des récompenses aux familles des locataires dont les maisons et les jardins seront le mieux tenus et qu'il jugera avoir pris le plus de soin de leurs enfants sous le rapport de l'hygiène, de la propreté, du travail et de l'éducation.

Art. 12. — Les prix annuels de location seront acquittés en mains et au domicile du receveur du bureau de bienfaisance, par douzièmes, tous les mois et d'avance. Ainsi, le premier terme devra être payé avant l'entrée en jouissance, et les autres successivement, au plus tard du 26 au 27 de chaque mois.

Le paiement du premier terme sera imputé sur le dernier terme de jouissance. La plus grande exactitude est rigoureuse dans les paiements aux époques déterminées.

Le défaut de paiement de deux termes échus entraînera la résolution du bail qui sera prononcée sans frais ni recours de justice ; il suffira d'une simple mise en demeure pour obtenir de plein droit l'expulsion du locataire défaillant, sans aucune indemnité de quelque chef que ce soit.

Aux charges, clauses et conditions ci-dessus, Messieurs N..., et N..., agissant en leur qualité exprimée en tête, ont accordé à titre de bail pour le terme indiqué ci-dessus savoir :

Au profit de N..., à ce présent et acceptant, la maison portant le numéro 1 du groupe, avec la parcelle de jardin en face, moyennant un loyer annuel de cent vingt francs. Au profit de N..., la maison portant le numéro 2, au loyer annuel de cent vingt-six francs, etc., etc.

Les preneurs ont tous déclaré individuellement connaître parfaitement les biens loués et ont promis d'exécuter et de remplir fidèlement et loyalement les clauses et conditions imposées.

Autres stipulations convenues dans la seule vue de l'intérêt bien entendu des preneurs.

a. — Lors du paiement de chaque terme de loyer à faire mensuellement, ainsi qu'il a été expliqué, le bureau de bienfaisance ou son délégué fera le dépôt à la Caisse d'épargne de Nivelles d'une somme de quatre francs par chaque locataire.

Cette somme portera annuellement l'intérêt fixé par l'Administration de la Caisse. Elle ne pourra être retirée, et les intérêts mêmes ne pourront être exigés. Leur montant sera ajouté au capital et produira aussi des intérêts.

b. — Le bureau de bienfaisance ne se considère pas comme propriétaire exclusif ni définitif du montant des dépôts dont il s'agit, quoique faits en son nom, dans la pensée philanthropique d'en faire profiter, dans les cas et les proportions ci-après déterminés, les preneurs à bail.

c. — Aussitôt que les versements de dépôts avec les intérêts cumulés, en y ajoutant au besoin les économies personnelles, auront produit une somme égale à la valeur du bien habité et occupé par le locataire, celui-ci, s'il le désire, deviendra propriétaire de sa maison et de la parcelle de jardin qui en dépend.

Cette valeur sera déterminée par arbitrage, et, à cette fin, sont nommés comme arbitres experts · Messieurs le Juge de paix, le Bourgmestre et le Président de la Commission administrative des hospices de Nivelles, au rapport desquels les parties seront tenues de se conformer.

En cas de vente de la part du preneur devenu propriétaire ou de la part de ses héritiers ou ayants-droit, le bureau de bienfaisance se réserve le droit facultatif de redevenir propriétaire en remboursant la valeur du bien à fixer comme ci-dessus.

Si le bureau de bienfaisance n'use pas de la faculté qui lui est réservée, le preneur, vendeur ou ses héritiers et ayants-droit seront tenus d'imposer au nouvel acquéreur l'obligation formelle de remplir personnellement par lui-même, les siens et sa famille, les conditions énoncées dans le règlement administratif établi spécialement pour maintenir le bon ordre et la discipline dans le quartier où le groupe des maisons louées a été construit. A cet effet, l'acte éventuel de vente de la part du bureau de bienfaisance rappellera expressément les principales dispositions dudit règlement. Ce qui a été accepté par tous les preneurs, pour les cas prévus.

d. — Les sommes déposées et les intérêts cumulés qu'elles auront produits, étant destinés à faciliter les acquisitions dont il vient d'être parlé, profiteront, dans le cas de vente, exclusivement aux preneurs ; car telle est la volonté de l'établissement propriétaire, qui renonce éventuellement à son droit de propriété sur ces valeurs, afin d'encourager les locataires à se bien conduire, à travailler assidûment, comme aussi à les porter à veiller à la bonne éducation de leurs enfants et à leur inculquer de bons principes et l'amour du travail.

e. — D'après un calcul approximatif, vingt années consécutives d'habitation pendant lesquelles s'opéreront les retenues mensuelles de quatre francs, avec les intérêts, peuvent suffire pour que le locataire puisse devenir propriétaire de sa demeure et du jardin qui en dépend.

Il ne sera pas obligé toutefois d'en faire l'acquisition et, s'il manifeste une intention contraire à cet égard, le bureau de bienfaisance lui remettra un livret de dépôt à la caisse d'épargne en son nom personnel, comprenant le capital et les intérêts accumulés jusqu'au jour de la délivrance du nouveau livret, sauf retenues pour dommages s'il y a lieu.

f. — A l'expiration de la période du bail, le locataire qui voudra abandonner la jouissance concédée, recevra du bureau de bienfaisance le montant des dépôts faits à la Caisse d'épargne, y compris les intérêts.

Toutefois cette remise pourra être refusée à ceux des locataires qui auront donné lieu à de justes plaintes, soit pour infractions aux articles du présent bail, soit pour contraventions au règlement administratif dont il a été fait mention. Cette remise, dans le cas où elle aura lieu, ne sera jamais faite en numéraire, mais toujours au moyen d'un livret de dépôt en nom personnel.

Il en sera de même à l'expiration de la période d'un deuxième ou troisème bail, à consentir sur le pied et conformément aux stipulations ci-dessus, éventuellement, sans promesse formelle de renouvellement de bail, laissée à la disposition de l'établissement propriétaire.

g. — En cas de résolution de bail avant son expiration, soit pour défaut de paiement, soit pour toute autre cause prévue, le locataire ne pourra réclamer que le tiers des dépôts faits en son nom avec les intérêts en proportion et sous déduction de tous frais de justice, dommages et intérêts.

h. — Si par suite d'un événement malheureux, tout à fait indépendant de la volonté du locataire ou de sa famille, tel, par exemple, la mort du chef, une blessure grave ou autre accident, le preneur ou sa famille ne pouvait plus, à défaut de ressources suffisantes, continuer les effets du bail commencé, le bureau de bienfaisance aura la faculté d'accorder à cette famille la totalité des dépôts avec intérêts sans obligation aucune à cet égard.

Les frais du présent bail seront supportés par les preneurs (1).

1. Voici quel serait le prix du contrat de location des douze maisons :

Minute.	fr.	12 00
Timbres	»	2 40
Enregistrement	»	7 40
Grosse (six rôles.)	»	12 00
Timbres	»	3 60
	fr.	37 40

Ce qui revient à fr. 3 13 pour chaque ménage.

La convention qui précède sera soumise à l'avis et à l'approbation des autorités administratives compétentes, et jusqu'à cette approbation les effets en seront suspendus.

TABLE DES MATIÈRES

Tours et Mayenne, imprimeries E. Soudée.

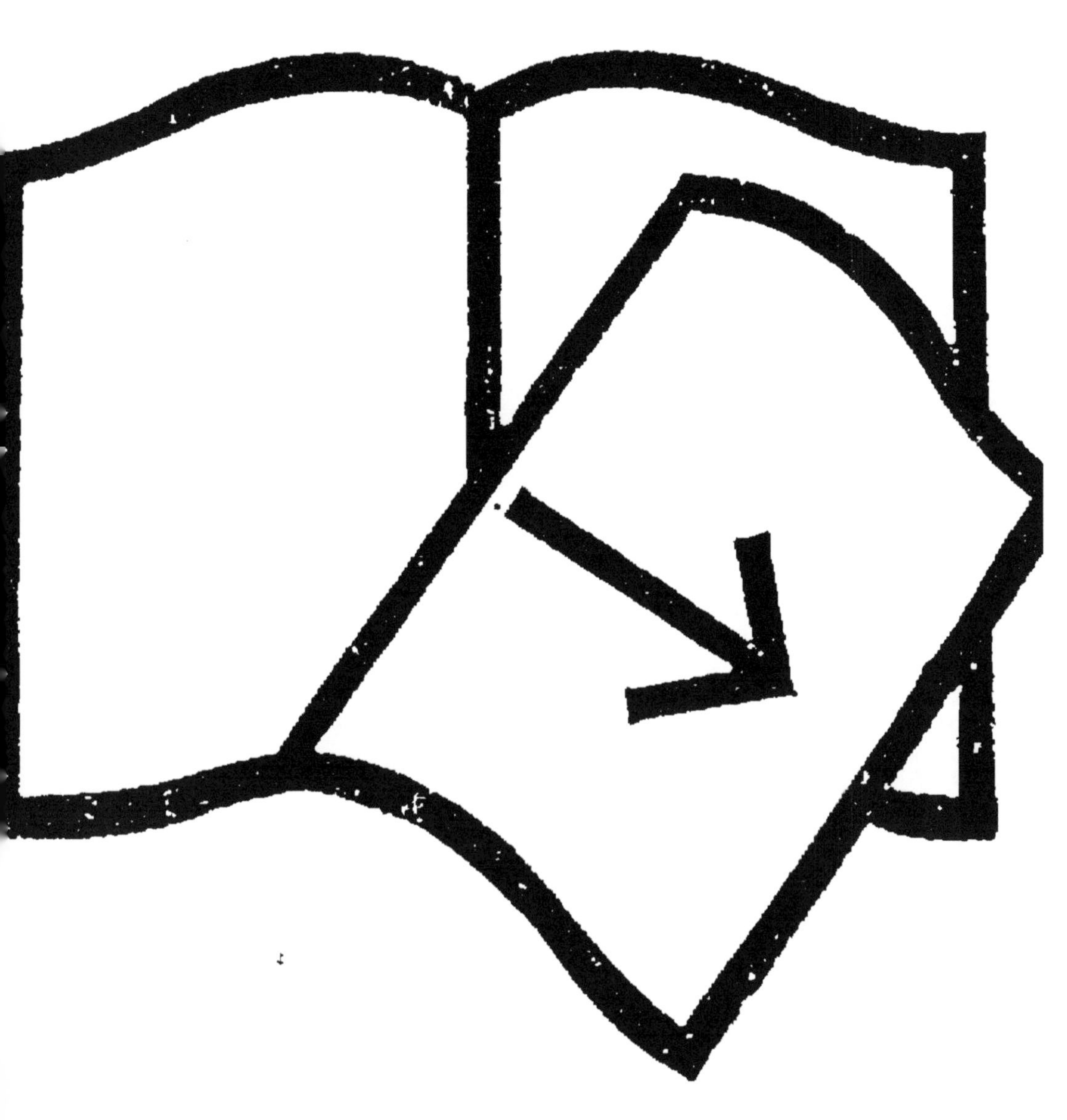

www.ingramcontent.com/pod-product-compliance
Ingram Content Group UK Ltd.
Pitfield, Milton Keynes, MK11 3LW, UK
UKHW020603230726
13926UKWH00005B/2161